活学活用孙子兵法

（春秋）孙　武　著

秦　泉　编注

百花洲文艺出版社

图书在版编目（CIP）数据

活学活用孙子兵法 /（春秋）孙武著；秦泉编注
. —南昌：百花洲文艺出版社，2018.6
ISBN 978－7－5500－2855－5

Ⅰ．①活… Ⅱ．①孙… ②秦… Ⅲ．①兵法－中国－
春秋时代②《孙子兵法》－研究 Ⅳ．①E892.25

中国版本图书馆 CIP 数据核字（2018）第 109130 号

活学活用孙子兵法

（春秋）孙 武 著 秦 泉 编注

出 版 人　姚雪雪
出 品 人　杨建峰
责任编辑　刘 云　叶 姗
美术编辑　松 雪　王 进
制　　作　王 进
出版发行　百花洲文艺出版社
社　　址　南昌市红谷滩世贸路 898 号博能中心 A 座 20 楼
邮　　编　330038
经　　销　全国新华书店
印　　刷　河北鹏润印刷有限公司
开　　本　880mm×1270mm　1/32　印张　7
版　　次　2018 年 8 月第 1 版第 1 次印刷
字　　数　168 千字
书　　号　ISBN 978－7－5500－2855－5
定　　价　36.00 元

赣版权登字 05－2018－245

邮购联系　0791-86895108
网　　址　http://www.bhzwy.com
图书若有印装错误，影响阅读，可向承印厂联系调换。

前　言

　　《孙子兵法》是我国现存的最古老也是最重要的一部兵法经典著作，历来被列为我国兵书之首，是中国古典军事文化遗产中的璀璨瑰宝，其内容博大精深，思想深邃富赡，逻辑缜密严谨，文采典雅绚丽，问世以来，对中国军事文化传统的形成和发展影响深远，在世界军事学术史上也占有突出的地位。

　　《孙子兵法》的篇幅虽不长，但是其所包含的军事思想却异常丰富、深刻，诸凡战争、战略、战术及治军等问题，均有精辟的阐述。

　　一、战争问题上，《孙子兵法》提出了以"慎战""备战"为核心的"安国全军之道"思想。它对战争持十分慎重的态度，开宗明义即表示"兵者，国之大事，死生之地，存亡之道，不可不察也"（《计篇》），坚决反对在战争问题上轻举妄动、穷兵黩武。同时要求加强战备，立足于有备无患，"无恃其不来，恃吾有以待也；无恃其不攻，恃吾有所不可攻也"。

　　二、战略问题上，《孙子兵法》推崇"不战而屈人之兵"的全胜战略，将其视为用兵的最理想境界。为此，《孙子兵法》主张在战略谋划上做到胜敌一筹，就是强调"知彼知己"，系统全面考察战争的主客观因素及其相互关系，提出了"校之以计而索其情"的著名五事、七计理论。

　　三、《孙子兵法》的作战指导思想是全书中最具特色的内容，也是孙子兵学理论的精髓之所在。在"兵者诡道"这一基本原则的指导下，《孙子兵法》提出了一系列精辟、卓越的见解。例如，主张争取作战主动权，"致人而不致于人"（《虚实篇》）；强调集中优势兵力，实施进攻性作战，"顺详敌之意，并敌一向，千里杀将"（《九地篇》）；提倡正确选择作战方向，做到"避实而击虚"（《虚实篇》）；要求做到灵活机动，因敌制胜，即所谓"践墨随敌，以决战事"（《九地篇》），"以正合，以奇胜"（《势篇》），奇正相生，奇正多变，主动灵活，出奇制胜打击敌人。凡此种种，均突出反映了《孙子兵法》作战指导的杰出智慧。其所提出的许多军事范畴，如"奇正""虚实""攻守""形势""主客""迂直"等等，均成为后世兵家构筑军事学说的思想来源和理论指导。

四、《孙子兵法》的治军思想同样丰富精邃，享誉古今。它提倡"令之以文，齐之以武"的治军原则，主张明法审令，恩威兼施，刑赏并用，爱护士卒，善待俘虏，重视对将帅队伍的建设，主张将帅应拥有战场机断指挥权限；重视加强对士卒的训练和管理，主张统一号令，令行禁止。所有这一切都为后世社会的军队建设奠定了坚实的理论基础。

为了能让读者真正体会到阅读兵书智谋的乐趣，这本《活学活用孙子兵法》以新的视角和立意对古典计谋作精细诠释，使读者阅读婉转流畅，自由舒适。在每章后面都精心概括出活学活用，将兵书战术与现实生活结合，给出我们在现代生活、经营管理等方面的建议。

希望更多的人能够喜欢这本《活学活用孙子兵法》，也希望本书能让更多的人深刻感悟《孙子兵法》的博大精深，了解我们国家悠久的军事、战争艺术，从而开阔视野，丰富知识，启迪智慧。

2018 年 7 月

目　录

国之大事

【原文】

孙子曰：兵①者，国之大事②，死生之地，存亡之道，不可不察③也。

【精义】

孙子说：战争，是国家的头等大事，关系到国民的生死和国家的存亡，所以不能不认真加以考察和研究。

【读解】

《计篇》是《孙子兵法》的第一篇，本节则是《计篇》的首句，孙子在全书开篇第一句就提出战争是"国之大事"，关乎国民"死生"，国家"存亡"，不可不认真对待，可见本节在《孙子兵法》中地位之重要。孙子认为，战争是残酷而激烈的，胜者能称王称霸，败者则会国破家亡。所以，交战双方都想克敌制胜，从而巩固和发展自己的实力。然而，战局往往变幻莫测，稍不留神，参战双方便会付出惨痛的代价，因此孙子提醒世人对待战争一定要慎之又慎。

---

① 兵：本义为兵械。《说文》："兵，械也。"后逐渐引申为兵士、军队、战争等。这里作战争解。

② 国之大事：意为国家的重大事务。

③ 不可不察：意指不可不仔细审察，谨慎对待。察，考察、研究。

【活学活用】

一个人要想获得好的发展，一个企业要想获得丰厚的利益，都要像是在进行一场战争一样，对于存亡之道不可不察。 存亡之道并不是单指非死即活的具体战争，更重要的是对于整个局势走向的把握。 把握了整个局势，即使在一两场战斗中失利也无碍大局。

经之五事

【原文】

故经①之以五②，校③之以计④，而索⑤其情⑥：一曰道，二曰天，三曰地，四曰将，五曰法。道者，令民与上同意⑦也，可与之死，可与之生，民弗诡也。天者，阴阳⑧、寒暑、时制⑨也。地者，高下、远近、险易⑩、广狭、死生⑪也。将者，智、信、仁、勇、严⑫也。法者，曲制⑬、官道⑭、主用⑮也。凡此五者，将莫

---

① 经：织机上的纵线，引申有"纲""纲领"之义。这里作动词，意为"以……为纲进行研究"。

② 五：五个方面的情况，即下文"道、天、地、将、法"五个方面的情实。

③ 校：比较。

④ 计：上古筹码称计，引申作条件、因素等。

⑤ 索：求索、探究。

⑥ 情：情实、情形。

⑦ 同意：思想一致。意，思想、志向。"道者，令民与上同意也"说明"道"纯属政治概念。孙子将道列于五事之首，足见其对政治条件的重视。

⑧ 阴阳：实指昼夜、晴晦等自然天象。

⑨ 时制：时节，四季节令的变化。

⑩ 险易：《说文》："险，阻难也。"泛指险阻难行之地。易，平易，平坦易行之地。

⑪ 死生：死地、生地。死地，指不疾战取胜则死，毫无退路的境地。《孙子兵法·九地》："疾战则存，不疾战则亡者，为死地。"又"无所往者，死地也。"非死地，利于攻守进退，即生地。

⑫ 智、信、仁、勇、严：孙武认为这是将帅必备的五个方面的素养，古来注家称之为将之"五德"。

⑬ 曲制：部队的编制规定。曲，部曲，军队编制之称。《后汉书·百官志·将军》："其领军皆有部曲。大将军营五部，部校尉一人……部下有曲，曲有军候一人。"曹操、李筌各家皆注曲为部曲。

⑭ 官道：各级将吏的职守范围规定。"官道"之"道"与"曲制"之"制"均指规定、制度。

⑮ 主用：即军需物资的供应管理制度。曹操注"主军费用也"，得之。主，掌管；用，给用。

不闻⑯。 知⑰之者胜，不知者不胜。 故校之以计，而索其情，曰：主孰有道？ 将孰有能？ 天地孰得？ 法令孰行？ 兵众⑱孰强？ 士卒⑲孰练⑳？ 赏罚孰明？ 吾以此知胜负矣。

【精义】

所以，要以下述五事为根本，分析比较双方的计谋筹划，以探究战争胜负得失的情状。五事为：一是政治，二是天时，三是地利，四是将帅，五是法制。政治，是指使人民与国君同心同德，这样就可以在战时为国君出生入死而不惧怕危险。天时，是指昼夜晴雨、寒暑冷暖和四时节令的变化。地利，是指路程的远近，地势的险易，作战地域的广狭，和地形地势的生死。将帅，是指将帅的智谋、诚信、仁爱、勇敢、严明。法制，是指军中的法令制度，各级将吏的统帅管理，军需财用的供给和管理制度等。上述这五个方面，称职的将帅不能不懂得；凡是能深刻了解、真正认识这些道理的人，就能取得战争的胜利，否则，便不能取得胜利。所以，要考核比较以下七个方面，以探究战争胜负得失的情状。这七个方面是：哪一方的君主政治清明？哪一方的将帅更有才能？哪一方占有天时地利？哪一方的法令制度能够贯彻执行？哪一方的武器装备更为精良？哪一方的士卒训练有素？哪一方的赏罚公正严明？通过对以上这七个方面的考察研究，我们就可以断定战争谁胜谁负了。

---

⑯ 闻：听说，粗有了解。

⑰ 知：这里指透彻掌握，深刻领会。

⑱ 兵众：兵力。 此句从军队整体立言。

⑲ 士卒：士兵。 此句从单个士兵立言。

⑳ 练：干练，训练有素，即今之所谓单兵素质好。

【读解】

决定战争胜负的条件是多种多样的，但其中以"五事"最为重要，即篇中所说的"故经之以五，校之以计，而索其情：一曰道，二曰天，三曰地，四曰将，五曰法。"

"五"便是指道、天、地、将、法这五项要求，战争开始之前，应该从这五个方面出发，分析研究交战双方的各种条件，探索战争胜败的规律。

所谓"道"，就是指民心向背的问题，民众如果与君主的意愿相同，那么，他们就可以与君主齐心协力，出生入死而无所畏惧。

所谓"天"，就是指交战时的天气情况，昼夜阴晴、寒冬酷暑、春夏秋冬，天气情况稍有变化都可能影响到战争的胜败。

所谓"地"，即地理、地利，就是指路途的远近，地势的险阻，平坦地域的宽窄，地形是否进可攻、退可守等。

所谓"将"，就是指将帅的智谋能力、威信、仁慈、勇敢顽强、军纪严明等素质，"智、信、仁、勇、严"也被称作"将帅五德"，这五条标准缺一不可。"智"位列"五德"之首，说明孙子对领导者的指挥才能非常重视，"五德"皆备是孙子对将领的最基本要求。

所谓"法"，就是指军队的组织编制、将吏的管理、军用物资的管理供应等。

在孙子看来，以上五个方面的情况，将帅都必须了然于心，并据此做出分析判断，制定相应的谋略，保证战争的胜利。

"道、天、地、将、法"这五点是战争胜利的指导思想，具有的考核标准还要根据"七计"来校验判明，并据此分析作战情势。用以校验的"七计"即：哪一方的君主更贤明？哪一方的将帅才能更加出众？哪一方占据相对有利的天时和地利？哪一方的法令能够被更好地贯彻执行？ 哪一方的武器装备更为精良？ 哪一方的士兵更加训练有素？ 哪一方的赏罚分明？ 了解和掌握了这些方面的情况，进行综合分析判断，大致就可以知道哪一方具备胜利的条件了。

在孙子看来，君主贤明是战争胜利最根本的保障。 君主贤明，臣民就会心甘情愿地为其出兵作战，同时，贤君也能为前方作战提供一个安定的后方政局，以及通畅的粮草供应。

将帅不仅是战争中的最高指挥官，同时也是国家安定的支柱，孙子对军事人才倍加推崇，对将帅的才智能力提出了很高的要求，他们是决定战争胜负的关键性因素。

同样，客观外部环境、军队制度纪律、武器装备、士兵集体作战能力以及赏罚情况等，都是考察战争胜负情况的重要指标。

【活学活用】

在《孙子兵法·计篇》里，孙子提出决定战争胜负的五个基本因素，即战争的正义性和君心、民心的向背；气候的变化和战争的时机；地形的远近、险夷和复杂简单情形；指挥战争的将领在智谋、诚信、勇敢诸方面的素质和军事才能；军队的编制、后勤供给与保障和行军用兵的纪律、军令是否严明。 孙子将这五个方面概括为道义、天时、地利、将领和法规。

战争是直接关系到交战双方生死存亡的大问题，必须加以认真研究。 在中国军事史上，孙子初次提出战前要充分筹划准备的思想，将决定战争胜负的五个基本因素加以分析比较，即所谓"庙算"，就是在庙堂之内分析取胜条件，以取胜条件的充分与否来决定军事行动。 庙算不是指一帅一将所运用的个别策略和一般的用兵之法，而是指国家最高层——朝廷做出的战略决策。

孙子不仅最先使用"庙算"一词，而且形成了"庙算"说的理论体系。 他把庙算问题放在兵法的首篇加以阐述，体现出他对这一问题的重视。 不仅如此，在《孙子兵法》中，庙算思想可以视为全书的总纲。

　　孙子提出的"庙算"是对中国军事战略学的重大贡献。 从另一个方面反映了"知己知彼，百战不殆"的思想原则。 对自己和别人的情况做到胸中有数，有利时则战，不利时则不战，这是极富军事智慧的。

因利而制权

【原文】

将①听吾计，用之必胜，留之；将不听吾计，用之必败，去之。

计利以听②，乃为之③势④，以佐其外⑤。势者，因利而制权⑥也。

【精义】

如果听从我的计谋，任用我指挥作战，就一定能取得胜利，我便留下来；如果不能听从我的计谋，用我指挥作战就必定会遭到失败，我便告辞而去。

分析利害，采纳正确的策略，就可以设法造成一种有利的态势，作为战争取胜外在的辅助条件。所谓态势，就是根据情况是否有利而采取相应的行动，机动灵活地掌握战争的主动权。

---

① 将：这里用作副词，抑将，行将，也就是假如。

② 计利以听：意思是君主采纳了有利的战略方针。计，计算、计较，这里引申为衡量。利，利益。以，通"已"。听，听取、采纳。

③ 之：语助词，无义。

④ 势：是孙武权谋思想的核心。"势"的思想的建立者是孙武，他认为战争应"求之于势，不责于人"。人君制定大略，规定任务，但出外"因敌变化"，巧用奇正，造势取胜，则赖将领。

⑤ 佐其外："于其外佐之"。佐，辅助、辅佐。其，指吴王。外，略定于内，势造于外，故宣外。

⑥ 制权：采取应变行动。指"因敌变化""悬权而动"的造势举动。权，应变之举。

【读解】

孙子在这里强调了"计利以听",简言之,就是充分分析和评价己方的实际情况,然后在现有基础上,制造对我方有利的形势,也就是"乃为之势",强调的是"知己"。

然而在实际作战中,影响战争的各种因素并不是一成不变的,战争形势会随着天时、地利、人和等各种因素的变化而不断变化。但我方可利用现有的有利条件,借机制造利己形势来制衡对方,这就是"因利而制权"。"因利而制权"意指根据利害关系的变化而采取应变之举。它是孙子重战和慎战思想的重要体现,要旨在于用兵作战要审时度势,分析利弊。当我方的各种条件都优于对方、占据有利形势时,才可与对方交战;在各种条件都不利于我方、我方没有作战优势时,切不可贸然出兵,而应设法制造优势,然后伺机进攻,否则必然会导致惨败。

【活学活用】

"五事七计"作为一个重要理念,已经开始被国内外各家企业加以进一步阐发,将其作为管理、经营的法宝。企业管理所要借鉴"道"的地方就是要明确公司的目的不仅仅是要产生利润,也要为顾客提供优质产品,要以诚信为本,形成具有本企业特色的文化。企业管理所要借鉴的"天"和"地"就是要综合考虑政治、经济、文化、自然环境、地理等各种因素,合理确定发展战略和前景,并在日常的经营过程中关注生产成本、物价水平、消费者购买力等微观经济现象对企业发展的影响。企业管理要借鉴"将"的地方就是要企业经理人充分发挥企业文化,建立一个具有高效执行力的团队。企业管理所要借鉴"法"的地方就是要建立高效的组织机构,整合社会资源。

诡　道

【原文】

兵者，诡①道也。故能而示之不能②，用而示之不用，近而示之远，远而示之近。利而诱之③，乱而取之，实而备之④，强⑤而避⑥之，怒而挠之，卑⑦而骄之，佚⑧而劳之，亲而离之⑨。攻其无备，出其不意⑩。此兵家之胜⑪，不可先传也。

【精义】

用兵打仗，是一种诡诈之术。所以，能打要装作不能打，准备用兵要装作不用兵；要在近处采取行动却要装作在远处行动，

---

①　诡：诈。《玉篇》："欺也。"此句言用兵打仗，应以机变为原则，此乃孙武对敌斗争权谋思想的基础。这一具普遍指导意义的原则由孙武首次正面提出。到宋代此说受到苏轼、叶适等人的非议，其实，正如王哲所注："诡者，所以求胜敌，御众必以信也。"

②　此句以下共四句皆指如何以假象惑敌，行诡道也。

③　此句以下共八句皆言针对不同的敌人采取相应对策的情况，亦行诡道也。每句首字指敌情判断，即敌之"属性"，第三字指我之对策，即相应的行动。利，贪利。指敌人贪利。

④　实而备之：对实力雄厚的敌人要时刻戒备它。

⑤　强：兵力强大。

⑥　避：避开锋芒。

⑦　卑：谦下意。这里指敌将小心谨慎，稳扎稳打。

⑧　佚：同"逸"。与"劳"对言，安也。指敌人休整良好。

⑨　亲而离之：指敌人内部亲密和睦，则要设法使它们分裂离散。亲，亲密，和睦。离，离间。

⑩　攻其无备，出其不意：此乃孙武千古名言之一，为历代兵家传诵并遵行。

⑪　胜：犹"名胜""形胜"之"胜"，此言兵行诡道，临机应变，乃用兵佳妙之所在。

要进攻远处却佯攻近处；敌人贪利，就用小利引诱它；敌人混乱，就乘机击败它；敌人力量充实，就注意严加防范它；敌人兵力强盛，就暂时回避它；敌人气势汹汹，盛怒而来，就设法挫败其气焰；敌人卑怯，就要设法使它骄傲起来；敌人休整良好，就要设法使它疲惫不堪；敌人内部团结，就要用各种计策离间它们。要在敌人没有防备的时候发动进攻，要在敌人意想不到的地方发动袭击。这些就是军事家们克敌制胜的奥妙所在，是不可以在事先具体规定的。

【读解】

战争指挥是一门非常高深的学问，灵活应变占有非常重要的比重，因势利导、灵活使用各种计谋就是保证战争取胜的重要方法。

为此，孙子认为"诡"是用兵的重要原则，虚虚实实，扰乱敌人的部署与判断，最后以最小的牺牲换取最大的胜利。"十二诡道"大致可以分为两类：一是"示形"，以机诈取胜；二是"权变"，根据形势灵活应变，情况不同，作战原则也不同。

具体来说有以下方面的表现：

能攻，要故意装作不能攻；

准备打了，要装作不想打；

要攻近处故意装作要攻远处；要攻远处又装作要攻近处；

敌人贪利，就以小利引诱敌人；

敌人内部不团结，就要制造混乱趁乱攻取；

敌人力量充实，就要全力防备；

敌人军力强大，就要避其锋芒；

敌人气势汹汹，就要挑逗敌人，使其发怒；

敌人小心谨慎，不妨示以软弱，使其骄纵；

当敌人休整得好时，就要诱使其疲于奔命；

当敌人团结时，设法离间瓦解。

这些都是战争中作战指挥的奥妙，必须根据实际情况灵活运用，事先很难传授其中的精髓。

作战是一场十分复杂的军事行动，天时、地利、敌情都变化莫测，谁根据战场的具体情况做好充分准备，谁就可以掌握战场上的主动权，最终获得胜利；反之，则很可能从优势转为劣势，从而导致最后的失败。所以说，有准备和没有准备，以及准备得是否充分，历来都是行军打仗中非常关注的问题。

孙子所提出的"攻其无备"，是指在敌人没有戒备的特定时间或特定地点，突然进行攻击。这种突如其来的袭击能够在最短时间内从军事和心理两方面对敌人造成巨大的压力，甚至有可能使敌方在慌乱之中做出错误的判断，采取错误的行动，使得战场形势朝着有利于己方的方向发展。

要想使"攻其无备，出其不意"获得最佳效果，至少应该注意三点。

首先，选择适当的时间和地点，确实掌握敌方的"备"与"无备"。比如说，很多战争经常在凌晨发起，因为据研究，凌晨是一个人意志力最薄弱、反应力最迟钝的时间，很容易被攻破。

其次，做好情报工作，巧妙地隐蔽自己的意图和行动，一旦计划被对手识破，从而使对手有了准备，这样，自己这一方反而没有了准备，最后很可能变主动为被动，收到完全相反的效果。

最后，进攻的速度一定要快，力量一定要强，不能给对手任何喘息的机会。

【活学活用】

出奇制胜的兵法，来自正常用兵的原则，必须引诱敌人用正常用兵的原则，来判断我方的行动企图，方能收到出奇制胜之效。攻其不备，也就是《孙子兵法》中能预知胜利的五种情形之一：以虞待不虞者胜。 以有备攻打没有防备之敌，己方是全副武装，个个摩拳擦掌，而敌方是手无寸铁，人人束手无策，自然是胜券在握了。

少算不胜

【原文】

夫未战而庙算胜①者，得算多②也；未战而庙算不胜者，得算少也。多算胜，少算不胜③，而况无算乎！吾以此观之，胜负见④矣。

【精义】

凡是在开战之前就预计可以取胜的，是因为按照五事七计经过周密的分析研究，知道胜利的条件居多；在未开战之前就预计到不能取胜的，是因为缺乏胜利的条件。胜利条件多的就能获胜，胜利条件少的就不能获胜，更何况不做周密的筹划，根本没有胜利条件的呢？我们根据这些来观察，那么胜负的结果便显而易见了。

【读解】

计划是成功的保障，是成功必备的条件。如果你是一边行动，一边计划，效果就会大打折扣了。研究神经语言学、激发心灵潜力的专家陈安之先生曾经提出：成功者之所以成功，是因为他

---

① 庙算胜：即在庙算中认为（即预测到）战争会取胜。庙算，《新注》："古时候兴兵作战，要在庙堂举行会议，谋划作战大计，预计战争胜负，这就叫庙算。"

② 得算多：具备的制胜条件多。

③ 多算胜，少算不胜：指获得算筹多，具备的制胜条件多，就胜利；所得算筹少，具备的制胜条件少，就不能胜利。

④ 见：同"现"，呈现，显现。

把要做的事情变成一种习惯。因此，他们的成就总是超越别人。为了成功，你需要事先设定好计划。

如果不懂得在事前计划好，那么，盲目行动只会带来失败和损失。成功需要计划，需要安排，还需要一定的程序。做事的程序通常是志愿、计划、行动、力量、效果。没有雄心壮志，就不会有超越时空的意图；没有超越时空的意图，就不会有无可比拟的计划；没有无可比拟的计划，就没有坚定果敢的行动和力量；没有坚定果敢的行动和力量，就难以取得预期的效果。从古至今，大事小事皆如此。所以说，计划是行动之父，而行动是成功之母。

【活学活用】

就一个政体组织或一个企业而言，"未战"之前，需"先定必胜之计"，这是人们的共识。一个企业，其经营方针、经营目标和经营计划的决策过程，就是企业管理者运筹帷幄、精心谋划的过程。当然，在条件尚无百分之百把握的情况下去实施计划要担一定的风险，但风险与效益是成正比的，倘若"耐心"地等到"万事俱备"，那么，最佳时机早已不复存在了。

作 战 篇

本经通读

孙子曰：凡用兵之法，驰车千驷，革车千乘，带甲十万，千里馈粮，则内外之费，宾客之用，胶漆之材，车甲之奉，日费千金，然后十万之师举矣。

其用战贵胜，久则钝兵挫锐，攻城则力屈，久暴师则国用不足。夫钝兵挫锐，屈力殚货，则诸侯乘其弊而起，虽有智者，不能善其后矣。故兵闻拙速，未睹巧之久也。夫兵久而国利者，未之有也。故不尽知用兵之害者，则不能尽知用兵之利也。

善用兵者，役不再籍，粮不三载；取用于国，因粮于敌，故军食可足也。

国之贫于师者远输，远输则百姓贫。近师者贵卖，贵卖则百姓财竭，财竭则急于丘役。力屈、财殚，中原内虚于家。百姓之费，十去其七；公家之费，破车罢马，甲胄矢弩，戟楯蔽橹，丘牛大车，十去其六。

故智将务食于敌。食敌一钟，当吾二十钟；芑秆一石，当吾二十石。

故杀敌者，怒也；取敌之利者，货也。故车战，得车十乘已上，赏其先得者，而更其旌旗，车杂而乘之，卒善而养之，是谓胜敌而益强。

故兵贵胜，不贵久。

故知兵之将，民之司命，国家安危之主也。

本篇旨要

本篇从战争对国家人力、财力、物力的依赖性出发，着重论述了"兵贵胜，不贵久"的用兵原则，提出了"因粮于敌"，借敌人力、物力"胜敌而益强"的策略主张。孙武所处的时代，正是我国奴隶制向封建制嬗变的时代，矛盾复杂，斗争激烈，战争连绵不断，而当时生产水平低下，各诸侯国人力、财力、物力都有限，交通运输又极为不便，如每次战争力不从心，费时过长，其耗损必然很大，在那兼并激烈的时代就随时有被他国吞灭的危险，因而，孙武提出了"兵贵胜，不贵久"的用兵原则，主张打速决战。这一思想，在当时是积极的，即使在今天，亦可资借鉴。但孙武没有进一步从全局与局部、战略与战术上加以区别，更未从战争性质上加以分析，未看到在一定条件下，"久"而"老"其师也是一种必要原则。为了解决战争对人、财、物的不断需求与"远输"的矛盾，孙武提出了"因粮于敌"，"车杂而乘之"，"卒善而养之"，从而"胜敌而益强"的策略主张。

用兵之费

【原文】

孙子曰：凡用兵之法，驰车①千驷，革车②千乘，带甲十万③，千里馈粮④，则内外之费，宾客⑤之用，胶漆⑥之材，车甲之奉⑦，日费千金，然后十万之师举矣。

【精义】

孙子说：用兵作战的一般规律是，需要动用轻型战车千辆，辎重车千辆，军队十万，还要千里迢迢地运送军粮；前方后方的费用，款待国宾使节的用度，维修军需物资的消耗，车辆兵甲的开支，每天要耗费千金之多，然后十万大军才能出动。

【读解】

兵强马壮无疑是取得作战胜利的前提，人要吃饭，马要食草，

---

① 驰车：轻车，为攻战之车，以其"驰敌致师"而称之。驾四马，故以驷为单位。

② 革车：重车，辎车，或称轿车。驾马或牛，为守车，载粮秣、军械、装具等。

③ 带甲十万：我国古代的车战，从西周到春秋有重大发展。初之编制，攻车一乘，甲士步卒二十五人，守车一乘五人，攻守二乘三十人。到春秋时期，已发展到攻车七十五人，守车二十五人，合为百人。且攻守车相配为一单位，仍称"一乘"，千乘则合十万人。带甲，春秋战国时称武装士卒为"带甲"。

④ 馈粮：运送粮草。

⑤ 宾客：诸侯国间往来的使节、游说之士。

⑥ 胶漆：指制造与维修弓、矢等作战器械的材料。

⑦ 车甲之奉：战车需膏油钢滑，甲胄需金革修补，这里指千里行军车甲修缮的花费。

损坏了的兵器装备要有及时的补充，由此必须有切实可靠的后方勤务。对于这一点，两千多年前的孙武是独具慧眼的，他在兵书中直截了当地指出："军无辎重则亡，无粮食则亡，无委积则亡。"孙武的这段话，清晰明了地向人们昭示着这样一个战争信条：军队无后勤，则不战自亡。

历史证明，没有经济条件与经济资源，是无法取得战争胜利的。古今中外战争都是政治、军事与经济的竞赛，战争对经济的依赖性是较强的。经济是实施战争的基础，战争严格受物质条件的制约。只有在充足的物质条件保证下，才能确保战争的胜利。同时，战争又会严重地破坏经济，致使国家处于困境而无力再实施战争。孙武通过对战争费用的实际考察，认为充足的物资保障是实施战争的前提条件。战争极大地依赖于后勤，只有物资齐备，方可兴众举师征伐。

【活学活用】

军事后勤，是战争的物质基础，对战局的发展有着至关重大的作用。充足的物资保障是实施战争的前提条件。在做事情之前如果做好充分的准备，就增加了成功的砝码。

用兵之害

【原文】

其用战贵胜，久则钝兵挫锐①，攻城则力屈②，久暴师则国用不足③。夫钝兵挫锐，屈力殚货④，则诸侯乘其弊而起⑤，虽有智者，不能善其后矣⑥。故兵闻拙速，未睹巧之久也⑦。夫兵久而国利者，未之有也⑧。故不尽知⑨用兵之害⑩者，则不能尽知用兵之利⑪也。

【精义】

用这样庞大的军队去作战，就要力求速胜，旷日持久就会使军

---

① 久则钝兵挫锐：指用兵旷日持久就会造成军队疲惫，锐气挫伤。钝，疲惫、困乏的意思；挫，挫伤；锐，锐气。

② 力屈：力量耗尽。屈，竭尽、穷尽。

③ 久暴师则国用不足：长久陈师于外就会给国家经济造成困难。暴，同"曝"，露在日光下，文中指在外作战；国用，国家的开支。

④ 屈力殚货：这里指力量耗尽，经济枯竭。殚，枯竭；货，财货，此处指经济。

⑤ 诸侯乘其弊而起：其他诸侯国便会利用这种危机前来进攻。弊，疲困，此处作危机解。

⑥ 虽有智者，不能善其后矣：即便有智慧超群的人，也将无法挽回既成的败局。后，后事，此处指败局。

⑦ 兵闻拙速，未睹巧之久也：此句指用兵打仗宁肯指挥笨拙而求速胜，而没见过力求指挥巧妙而使战争长期拖延的。拙，笨拙，不巧；速，迅速取胜；巧，工巧，巧妙。

⑧ 夫兵久而国利者，未之有也：长期用兵而有利国家的情况，从未曾有过。

⑨ 不尽知：不完全了解。

⑩ 害：危害，害处。

⑪ 利：利益，好处。

队疲惫、锐气挫伤，攻打城池就会耗尽力量；军队长期在外征战，会使国家财政发生困难。如果军队疲惫，锐气挫伤，军力耗尽，国家财政枯竭，那么各诸侯国就会乘危起兵来攻，那时，即使有很高明的智识之士，也无法扭转危局。因此，用兵打仗只听说指挥虽拙而求速胜的，从来没有见过有为讲究用兵巧妙而求持久的。战事久拖不决而对国家有利的事情，是从来都没有过的。所以，不完全了解用兵危害的人，就不会完全了解用兵的好处。

【读解】

战争需要的财物支出是巨大的。如果持久作战，国家财力就会不支。因此，既要想获得用兵带来的益处，又要回避用兵带来的危害，那么在战争中就要贯彻孙子的"兵贵胜，不贵久"的思想。

大凡用兵作战，讲求先发制人，速战速决。要争取迅速捕捉战机，快速进攻，快速制敌。这主要是因为：第一，快速结束战斗可以实现以最低的战争消耗获得战争胜利的最终目标。战争拖延太久，从心理层面来考虑，会使士气低落，将士无心应战，以致出现反战情绪；从物质层面来说，会使国家财政难以为继，国民经济衡溃，生产混乱。第二，速战速决也是实行"诡道欺敌"战术的必然要求。在作战中，双方都要设法弄清对方的战略方针与作战意图。如果战争拖得太久，战略意图就很容易被对方识破，难以做到"攻其不备，出其不意"，从而贻误战机，功亏一篑。

【活学活用】

在《孙子兵法·作战篇》中，孙子提出"速战速决"的战略思想。他首先分析了在出兵前应当做的各种准备工作，意在强调军队作战带来的各种消耗与负担不可小视。他认为，正因为作战是牵一发动全身的行为，所以，对敌国用兵，不宜打拖延战，应当速战速决，即"兵贵胜，不贵久"。这主要出于对军队后勤供给与保障系统而言的。因为，任何一场战争都不仅是交战双方军事实力的较量，军事实力所依赖的是综合国力的强弱。军队长期在外用兵打仗的巨大消耗，必然造成国家财力枯竭，前方与后方的各种费用十分惊人，长期消耗，战争难免要失败，即使侥幸不失败，对国家整体实力造成的损害也是无法弥补的。

因粮于敌

【原文】

善用兵者，役①不再②籍③，粮不三④载；取用于国，因粮于敌，故军食可足也。

【精义】

善于用兵的人，兵员不征集两次，粮草不多次运送，武器装备从国内取用，粮草给养在敌国就地补充。这样，军队的粮草就可以充足供应了。

【读解】

战争拖得太久，一方面，国力会为此而大量消耗，由此而产生一系列的矛盾，并会随着时间的延长而日益尖锐，所以作战宜速；另一方面，从战术的实施上看，迅速出击往往能打敌人一个措手不及，令敌方防不胜防，从而大获全胜。

在古代社会，君王规定其子民都必须向国家交纳捐税，还要服各种劳役、兵役等。两国交战，军费支出浩大，这笔庞大的经费也要由老百姓提供，所以在战争期间，受累的还是两国的百姓。统治者对百姓的索求如果超过了百姓所能承受的极限，就会引起百

---

① 役：兵役。
② 再：两次。
③ 籍：伍籍，这里作动词，指征调。
④ 三：与上句"再"互文，为"再三"之意。极言多，并非实指。指兵员粮草一次征集，不可再三。

姓的反抗。

孙子提出"役不再籍，粮不三载"，是为了稳固国家基础，以达到"取用于国"的目的。只有后方稳固了，才有可能全力备战，争取战争的胜利，否则还谈什么战略战术呢！孙子强调武器装备要"取用于国"，粮草要"因粮于敌"。这样做对本国来说，可以减轻劳动人民的负担，还减少了粮草在运输途中的人力、财力的支出，实现了"粮不三载"的目的；对于敌国来说，则消耗了他国的部分财力、物力，使它的内需增大。我增截损，提高了我方的胜算。

【活学活用】

孙子提出的"因粮于敌"以战养战的谋略，历来被兵家所重视和运用。如古代蒙古军队在成吉思汗指挥下，连续征战二十多年，驰骋欧亚，横扫万里，始终保持很强的战斗力，很少因物力不济而失利，很大程度上就是依靠"因粮于敌"，以战养战的谋略取得的。

智将务食于敌

【原文】

国之贫于师①者远输②，远输则百姓③贫。近师者贵卖④，贵卖则百姓财竭⑤，财竭则急于丘役⑥。力屈、财殚，中原内虚⑦于家。百姓之费，十去其七；公家⑧之费，破车罢马⑨，甲胄矢弩，戟楯⑩蔽橹⑪，丘牛⑫大车，十去其六。

故智将务食于敌。食敌一钟，当吾二十钟；萁秆一石，当吾二十石。

【精义】

国家因战争而陷于贫困，就在于为供给军用物资而远道运输，远道运输就会使百姓贫困不堪。临近驻军的地区，东西就会大幅度上涨，物价大幅度上涨就会使百姓财源枯竭，财政枯竭就会迫使国

---

① 师：军队，指战争、兴兵。

② 远输：长途转运。当时交通不发达，道路不一致，车不同轨，难度极大。

③ 百姓：姓为上古族号，后以为姓，至奴隶社会以达于西周，只贵族有姓，奴隶无姓，而有姓之贵族皆为官者，故百姓本指百官。后泛指庶民，春秋末已始，故本文从今义译。

④ 贵卖：物价高。

⑤ 贵卖则百姓财竭：物价高涨，那么百姓财物枯竭。

⑥ 财竭则急于丘役：百姓财物枯竭则对供出丘役感到危急，疲于奔命。

⑦ 中原：泛指国内。虚：空虚，财物匮乏。

⑧ 公家：相对"百姓"而言，指国家。

⑨ 罢：同"疲"。

⑩ 戟楯：戟，合戈矛为一体的古兵器。楯，盾。

⑪ 蔽橹：一种主要用于防卫的大型盾牌，以大车轮类巨物蒙以生牛皮，可屏蔽，故称蔽橹，以区别他种橹。

⑫ 丘牛：丘赋之牛，故称丘牛。一说，大牛。

家急忙加重赋役。民力耗尽，财政枯竭，就会使国内家家贫穷空虚。百姓的财力要耗去十分之七，国家的资财，也将由于战车损坏、战马疲惫伤亡、甲胄兵器损耗、耕牛和辎重车损失而减少十分之六。

所以，明智的将领务求在敌国解决粮草供给问题。在敌国取得一钟粮食，就相当于从本国运输二十钟；在敌国取得草料一石，就相当于从本国运输二十石。

【读解】

长途运送军需的代价很高，得依靠国家与民众的全力支援，但这样会使国家经济陷入困境。因此孙子提出为了减轻国家财政负担，最好的方法是"因粮于敌"。这也是古代兵家强调的"以战养战"的一种构想。孙子以详尽的数据统计分析了"因粮于敌"的好处，因粮于敌一分，相当于从本国运送二十分粮食。如果大部分补给都能从敌国索取，借助敌国的物资补充自己，那么再艰苦的战争也不用担心后方供给不上。如果真能做到"因粮于敌"的话，那么战胜敌国便指日可待了。所以，孙子提出"智将务食于敌"，后文又说"胜和百番弧"，指出了取敌补己、"因粮于敌"的重要性。

【活学活用】

"以战养战"就是利用敌人的一切可以利用的资源作为我方作战的物质基础，而对付"以战养战"的策略就是"坚壁清野"，不让敌人得到任何有用的物资。例如，拿破仑征俄，本想"因粮于敌"，但俄国坚壁清野，又逢严冬，法军饥寒交迫，终败退而返。善战如拿破仑者也不禁说："粮食、粮食，如没有粮食，军队就要崩溃了。"

取敌之利者

【原文】

故杀敌者，怒也①；取敌之利者，货也②。故车战，得车十乘已③上，赏其先得者，而更其旌旗，车杂④而乘之，卒善⑤而养⑥之，是谓胜敌而益强。

【精义】

要想让士卒勇敢杀敌，就应当激起他们同仇敌忾的士气；要想夺取敌人的资财，就必须用财货重赏士卒。所以，在车战中，凡是缴获敌人十辆战车以上的，要奖赏首先夺得敌人战车的士卒，并且将敌人的战车换上我军的旗帜，混合编入我方的车队之中；对被俘的和投降的敌军士卒，要给予优待，并且保证供给，这就是所谓的通过战胜敌人而使自己更加强大。

【读解】

这一段是对上节"务食于敌"原则的进一步补充，强调要就地获取物资，对于先缴获和多缴获敌方物资的士卒要给予物质奖励。被我军俘虏的敌国士兵，我方要给予妥善的安排照顾，化敌为我，

---

① 杀敌者，怒也：激怒我方军士使之奋勇杀敌。
② 取敌之利者，货也：对夺取敌人资财者要以实物予以奖励。
③ 已：通"以"。
④ 杂：混杂，混编。 将俘获敌战车混编入己车阵中。
⑤ 善：善待。
⑥ 养：收养以使用。

以补充我军实力；所缴获敌人的战车和士兵也就成了我军的战车和士兵，这也就是所谓的"以战养战"的思想。 利用敌国的物力和人力，满足我军的需要，壮大我军的实力，这不仅减轻了本国的负担，还可以削弱敌国的力量，导致他们人力、物力短缺进而壮大自己。 这就是孙子强调的"胜敌而益强"的战略思想。

【活学活用】

对手作战勇猛取胜的一定要有奖赏，这就是所谓重赏之下必有勇夫的道理了、而奖赏先夺得敌战车之人，则可达到奖一励百的目的。 同时，取之于敌，利用敌之装备，补充俘敌之兵，则可使自己越战越强。 而且，作战要速战速决，避免劳民拐财。 能做到以上这些的将帅，可以说是主宰国家和民众命运的人。

兵贵胜

【原文】

故兵贵胜，不贵久①。

【精义】

所以，用兵打仗贵在速战速决，而不应当旷日持久。

【读解】

孙子指出：作战应速决取胜。 军队长期作战，会使国家经济发生困难或资财枯竭，对国家不利。 作战最贵速胜，不宜久拖。主张兵贵神速，以万钧雷霆之势，突然行动，快速进攻，夺取战争和作战的胜利。

速度之所以重要，是因为速度就是力量。 在方向、条件不变的情况下，速度与力量成正比。 势速则难御。 流水之所以能漂石，靠速度；飞鸟之所以能捕杀鼠兔，靠速度。 有速度就有优势。 我强敌弱，速进能胜；敌强我弱，速退能存。

关于兵贵神速的观点，孙子在《孙子兵法》中有多次论述，如《九地篇》说："兵之情主速。"意思是：用兵之理，贵在神速。

【活学活用】

"兵贵胜，不贵久"的谋略，在军事上就是用兵要抢时间，争

---

① 兵贵胜，不贵久：用兵作战贵在速战速决，久战则不利。 贵，重在。

速度，速战速决。 这一谋略同样也适用于企业经营与竞争活动。在战场上时间就是胜利；在市场上时间就是效益。 企业为了在竞争中获胜，都会不遗余力地研究新技术，开发新产品。 谁先研究成功，先把它投放市场，满足消费者需求，谁就能占据市场，夺得主动。 因此，在生产经营活动中，谁赢得了时间，谁就赢得了空间，赢得了胜利。 "兵贵胜"速战速决谋略的指导原则，可以作用于企业活动全过程：在经营决策阶段，情报获得要快而准；在生产管理阶段，资金投入要快而有效，新产品投产要快；在市场竞争阶段，产品投入市场要快。 速度往往决定了企业的命运。

知兵之将

【原文】

故知兵之将①，民之司命②，国家安危之主③也。

【精义】

所以，真正懂得用兵之法的将帅，是民众生死的掌握者，是国家安危的主宰者。

【读解】

上节谈到"兵贵胜，而不贵久"，这是基于战争对经济力量的依赖和对战争利害关系的分析得出的必然结论。但是，真正要做到"速战速决"，成功地实施"以战养战"的策略，实现"胜敌而益强"的思想，关键的因素在领兵打仗的将帅。没有深知用兵之利害、正确执行既定方针并在特殊时候能灵活应变的将帅，不仅不能"速战速决"，反而可能输掉战争，给人民和国家带来灾难。这里，孙子强调将帅的作用，是在"五事七计"强调将帅"五德"和才能的基础上的新的拓展，他把将帅在作战中的作用单独提出来，强调了其重要性。

【活学活用】

孙子在不同的篇章里都论述过将帅对战争的作用。《作战

---

① 知兵之将：意指懂得用兵、善于用兵的将帅。知，识。
② 司命：暗指民众命运的掌握者。
③ 主：这里是"主宰"的意思。指国家的安危主宰。

篇》里强调懂得用兵之道的将帅在作战中的作用，他以人民和国家的命运掌握在将帅手里来突出其重要性。 大凡与敌作战，将帅的智慧与武力同等重要。 历史上文武双全的将帅不多，深谙兵法、懂得谋略的将帅就更不多了。 正是因为如此，本篇所述将领王霸才显得难能可贵：他懂得作战必先激起将士的士气，同仇敌忾，然后方可出阵杀敌，这一点与春秋军事家曹刿论述战争中鼓舞士气的作用是相通的。

谋 攻 篇

本经通读

孙子曰：凡用兵之法，全国为上，破国次之；全军为上，破军次之；全旅为上，破旅次之；全卒为上，破卒次之；全伍为上，破伍次之。是故百战百胜，非善之善者也；不战而屈人之兵，善之善者也。

故上兵伐谋，其次伐交，其次伐兵，其下攻城。攻城之法为不得已。修橹轒辒，具器械，三月而后成；距闉，又三月而后已。将不胜其忿而蚁附之，杀士三分之一而城不拔者，此攻之灾也。

故善用兵者，屈人之兵而非战也，拔人之城而非攻也，毁人之国而非久也，必以全争于天下。故兵不顿而利可全，此谋攻之法也。

故用兵之法，十则围之，五则攻之，倍则分之，敌则能战之，少则能逃之，不若则能避之。故小敌之坚，大敌之擒也。

夫将者，国之辅也。辅周则国必强；辅隙则国必弱。

故君之所以患于军者三：不知军之不可进而谓之进，不知军之不可以退而谓之退，是谓縻军；不知三军之事，而同三军之政者，则军士惑矣；不知三军之权，而同三军之任，则军士疑矣。三军既惑且疑，则诸侯之难至矣，是谓乱军引胜。

故知胜有五：知可以战与不可以战者胜，识众寡之用者胜，上下同欲者胜，以虞待不虞者胜，将能而君不御者胜。此五者，知胜之道也。

故曰：知彼知己，百战不殆；不知彼而知己，一胜一负；不知彼，不知己，每战必殆。

本篇旨要

本篇着重论述谋划进攻的原则。孙子认为，"不战而屈人之兵"，"必以全争于天下"，为谋攻的最高原则；主张以优势兵力与敌作战，反对弱小军队的硬拼；指出了慎择良将，充分发挥良将的主动性对于取得战争的胜利、对于国家安危的极端重要性；进而从预测胜利的途径归纳出"知己知彼，百战不殆"这一军事科学的至理名言。孙子所谓"百战百胜，非善之善者也；不战而屈人之兵，善之善者也"是极而言之，意在提醒用兵者时刻不忘追求最高的谋攻原则和最好的用兵效果，强调不要一味贪求交兵取胜，以避免或减少战争损失，并非否定"百战百胜"，而是要求"百战百胜"的将军们有一副更加精明的头脑。孙子的这一谋攻原则，不但在优势兵力的条件下可充分使用，即或在劣势情况下也可使用。《左传·僖公三十年》烛之武退秦师便是"伐谋""伐交"，"不战而屈人之兵"的范例。

善之善者

【原文】

孙子曰：凡用兵之法，全国为上，破国次之①；全军②为上，破军次之；全旅③为上，破旅次之；全卒④为上，破卒次之；全伍⑤为上，破伍次之。是故百战百胜，非善之善者也⑥；不战而屈人之兵，善之善者也⑦。

【精义】

孙子说：用兵作战的法则是，使敌人举国降服为上策，击破敌国就次一等；使敌人全军完整地降服为上策，击溃敌人一个军就次一等；使敌人全旅完整地降服为上策，击溃敌人一个旅就次一等；使敌人全卒完整地降服为上策，击溃敌人一个卒就次一等；使敌人全伍完整地降服为上策，击溃敌人一个伍就次一等。所以，百战百胜，并不是高明中最高明的，不经交战而能使敌人屈服，才是高明中最高明的。

---

① 全国为上，破国次之：未诉诸兵刃使敌举国屈服是上等用兵策略，经过交战攻破敌国使之降服是次一等用兵策略。全，形容词用作动词，使动用法，意谓"使……全服"。上，上策，即策之上者。

② 军：一万二千五百人为军。

③ 旅：五百人为旅。

④ 卒：古兵制单位，百人为卒。卒长亦称百夫长。

⑤ 伍：古代最基本的军制单位，五人为伍。从"军"至"伍"泛指军中各种编制单位。

⑥ 百战百胜，非善之善者也：百战百胜固善，然终有杀伤、耗损，故非善之善者。

⑦ 不战而屈人之兵，善之善者也：未战而使人之兵屈服，既自保又全胜，方为善之至善者。

【读解】

百战百胜历来是兵家所追求而难以实现的，孙子却认为："百战百胜，非善之善者也；不战而屈人之兵，善之善者也"。他申而论之："善用兵者，屈人之兵而非战也，拔人之城而非攻也，毁人之国而非久也，必以全争于天下，故兵不顿而利可全，此谋攻之法也"。这里所讲的"不战而屈人之兵"与"屈人之兵而非战也"的"不战""非战"都是指不与敌人直接交战，而不是放弃武装，反对战争。不经过直接交战，而使敌人屈服的"全胜"战略思想，是孙子军事上所希望达到的最理想的境界。

孙子的"全胜"思想，就是用不流血的斗争方法，迫使敌人屈从于己方的意志，既不损己方兵力、财力，而又不破坏敌方的兵力、物力，并将敌方的兵力、财力转化为我方所有的方式，实现己方的战略目的，收到"自保而全胜"的完美效果。这样，就使"用兵之害"减少到最低的程度，而"用兵之利"则"可全"。战争如能这样取胜，自然远远不是经过流血战斗取胜所能比拟的，这无疑是军事上所有谋略中的最上策，"善之善者也"。因此，孙子的"不战而屈人之兵"的"全胜"思想，既是战略决策的最佳选择，也是战术决策的最佳选择。

在战争中，能够使敌人屈服投降，显然比击败战胜敌人要有利得多。这一思想作为兵家的一种理想追求和用兵指导原则，时常为后世的兵家不断地加以实践验证，并创造出许多精彩的例证。

【活学活用】

不战而屈人之兵，现在看来它更多是通过运用传播学和心理学的原理，以各种信息传播载体为媒介，对作为战争主体的人施加刺激和影响，从而达到对外瓦解敌军，对内鼓舞士气，不战而屈人之兵或小战大胜的一种战略手法。

上兵伐谋

【原文】

故上兵伐谋①，其次伐交②，其次伐兵③，其下攻城。攻城之法④为不得已⑤。修橹轒辒⑥，具器械⑦，三月而后成；距闉⑧，又三月而后已⑨。将不胜⑩其忿⑪而蚁附之⑫，杀士三分之一⑬而城不拔⑭者，此攻之灾也⑮。

【精义】

所以，用兵的上策是挫败敌人的战略计谋，其次是瓦解敌人的

---

① 上兵伐谋：此句的意思是上等的用兵之道，是以谋略取得胜利。上兵，用兵作战的上策。伐谋，用智谋使敌人请降。

② 其次伐交：当时的外交斗争，主要表现为运用外交手段瓦解敌国的联盟，扩大、巩固自己的盟国，孤立敌人，迫使其屈服。交，交合，此处指外交。伐交，即进行外交斗争以争取主动。

③ 伐兵：通过军队间交锋一决胜负。兵，军队。

④ 法：办法，做法。

⑤ 为不得已：实出无奈而为之。

⑥ 修橹轒辒：制造大盾和攻城的四轮大车。修，制作、建造；橹，藤革等材料制成的大盾牌；轒辒，攻城用的四轮大车，用桃木制成，外蒙上牛皮，可以容纳兵士十余人。

⑦ 具器械：意为准备攻城用的各种器械。具，准备。

⑧ 距闉：为攻城做准备而堆积的土山。距，通"具"，准备；闉，通"堙"，土山。

⑨ 已：完成、竣工之意。

⑩ 胜：克制、制服。

⑪ 忿：愤懑、恼怒。

⑫ 蚁附之：指驱使士兵像蚂蚁一般爬梯攻城。

⑬ 杀士三分之一：使三分之一的士卒被杀。士，士卒。

⑭ 拔：攻占城邑或军事据点。

⑮ 此攻之灾也：这是攻城可能造成的灾难。

外交同盟，再次是直接与敌人交战，下策是攻打敌人的城池。攻城是在迫不得已的情况下所采取的办法。因为制造攻城用的大盾牌和四轮战车，备齐各种攻城器械，需要三个月才能完成；构筑攻城用土山，又必须花费三个月才能完工。如果将帅控制不住自己的焦躁愤怒情绪，而驱使士卒像蚂蚁一样爬梯攻城，结果士卒伤亡了三分之一，可城池却未能攻克，这就是攻城的灾难。

【读解】

孙子在这里划分了克敌制胜的几种策略，重点比较了这些策略的优劣。"上兵伐谋"是指既能赢得胜利，又不使自己的军队受到损伤，是为上上策。孙子强调要采用政治、外交等手段，加强自己的实力，削弱敌国的势力；依靠自身强大的国力，威慑对方，令其臣服，避免兵戈相见。随后，孙子论述了"攻城之灾"，说明强攻所带来的实际危害比预想的要大得多，这从反面衬托了"伐谋""伐交"的高明之处。"伐谋""伐交"要以强大的军事实力作为后盾，否则就会产生处于"弱国无外交"的尴尬境地，这对后人启发极大。

【活学活用】

要想胜利，最高明的是运用谋略，其次是施用外交手段，然后才是动用强大的兵力，最不合算的就要数攻城了。而如果处处使用"保全"的方式争取胜利，这样不仅不会耗损己方的战斗力，还能获得辉煌的战果，这才是军事斗争中的最高境界。

谋攻之法

【原文】

故善用兵者，屈人之兵而非战也①，拔人之城而非攻也②，毁人之国而非久也③。必以全争于天下④，故兵不顿⑤而利⑥可全⑦，此谋攻之法也⑧。

【精义】

所以，善于用兵的人，使敌人屈服而不通过战场交锋的形式，夺取敌人的城池而不靠强攻，毁灭敌人的国家而不靠持久作战。务必要以全胜的谋略争胜于天下，这样军队不至于疲惫受挫，而胜利却可以圆满地获得，这就是谋攻的方法。

【读解】

战争的理想境界，无非是以最小的代价换取最大程度的胜利，最大限度地消灭敌人，最大限度地保存和储备自己。正是从个意

---

① 屈人之兵而非战也：善于领导战争的人，不用战争的方法而使敌兵屈服投降。

② 拔人之城而非攻也：意为夺取敌人的城池而不靠硬攻的办法。

③ 毁人之国而非久也：指灭亡敌人之国不须旷日持久。非久，不要旷日持久。

④ 必以全争于天下：此句意为一定要根据全胜的战略争胜于天下。全，即上面说的"全国""全军""全旅""全卒""全伍"之"全"。

⑤ 顿：同"钝"，指疲惫、挫伤。

⑥ 利：利益。

⑦ 全：保全，万全。

⑧ 此谋攻之法也：这就是以谋略胜敌的最高标准。法，标准、准则。

义上讲，孙子以"屈人之兵而非战"这一思想作为战争胜利的上上策。 这一节是对孙子"全胜""非攻""兵不贵久"战略思想的概括与总结。 "屈人之兵而非战也，拔人之城而非攻也，通之国而非久也"，可以说是《孙子兵法》的精髓，也是他所向往的用兵作战的最高境界。

【活学活用】

善于用兵的人，使敌人屈服而不是靠交战，夺取敌人的城池而不是靠强攻，毁灭敌人的国家而不是靠久战。 一定要用全胜的战略争胜于天下，这样既不使自己的军队疲惫受挫，又能取得圆满的、全面的胜利。

用兵之法

【原文】

故用兵之法，十则围之①，五则攻之，倍则分之，敌则能战之②，少则能逃③之，不若则能避之。故小敌之坚，大敌之擒④也。

【精义】

所以，用兵的原则是：拥有十倍于敌人的优势兵力，就包围敌人；拥有五倍于敌人的优势兵力，就主动进攻敌人；拥有一倍于敌人的兵力，就设法分割敌人；与敌人势均力敌，就要努力战胜敌人；兵力少于敌人，就要退却；各方面条件都不如敌人，就要设法避免接触。所以说，弱小的军队如果不自量力地坚守硬拼，就势必会被强大的敌人擒获。

【读解】

在战争中，敌我力量对比会出现三种不同情况，即我处于优

① 十则围之：此句"十"与下几句"五""倍""敌""少""不若"，都指我与敌比较，我所处的力量地位。"十"即十倍于敌。这里指绝对优势，但非一定为实数之十倍。"围""攻""分""战""逃""避"，乃据一定的敌我情势采取的相应对策。

② 倍则分之，敌则能战之：有多一倍于敌之力量则可分割敌人而消灭之，双方势力大体均等则可以抗击。倍，比敌人多一倍，敌，即"匹敌"。

③ 逃：与下文"避"同义，指主动地采取不与敌争锋的办法，并非消极地逃跑。

④ 小敌之坚，大敌之擒也：只知固执硬拼的小敌，必为大敌所擒。前一个"之"是"若"的意思。坚，固执、顽固，非指坚实，其感情色彩非褒。后面的"之"是"则"的意思。即小敌若坚，大敌则擒矣。两"敌"字，指对抗双方。

势、势均力敌、我居劣势。 必须要临阵应变，根据敌我的实际情况以智取胜。 比如第一种情况，即我处于优势的情况下就需要集中兵力，以众击寡。 从哲学的角度来说，这正是抓主要矛盾的思想方法。

孙子认为，在运用战术时，要先对敌我双方的兵力进行分析，然后再确定运用哪种作战策略，是围堵、猛攻，还是各个击破，或者是避其锋芒从侧面出击，这些都因形势而定。 面对各种复杂的情况，只有及时做出合理的决断才能取胜于敌。

孙子总结的战略战术，都是建立在"知己知彼"基础之上的。战争主要是双方军事实力的较量，而双方的实力对比又不是一成不变的，因此，必须以主动的姿态投入战争，以灵活应变的战略战术适应易变的战场形势。

【活学活用】

孙子认为，指挥作战必须根据兵力的大小，与敌人兵力的对比情况，正确使用。 有优势兵力就可以采取进攻战；兵力相当就应该首先设法使敌人兵力分散，而后各个击破；兵力小于敌人应采取防御或避免与敌人交战。 组织进攻作战要有绝对优势兵力，做到"以镒称铢"；反对不自量力，"以少击众""以弱击强"。

孙子关于"识众寡之用""以众击寡"的指挥原则和转化敌我兵力对比态势的指挥艺术，揭示了战争中兵力运用的基本规律。古代兵战适用，现代战争依然适用。

国之辅

【原文】

夫将者，国之辅也①。辅周则国必强②；辅隙则国必弱③。

【精义】

将帅是国君的助手，如果辅佐周密得当，谋划国家就必定会日益强盛；反之，如果辅佐有缺陷，谋划国家就必定会日益衰弱。

【读解】

《计篇》《作战篇》和《谋攻篇》都讲到了将帅。《计篇》把将帅列为作战双方可供比较的"五事"之一，《作战篇》指出将帅能主宰人民和国家的命运，《谋攻篇》讲到将帅和国君在战争中的作用。将帅是辅佐国君的，在军事行动的筹划实施过程中，只要能做到周详严密，那么军队就会打胜仗，国家就会走向强盛；如若布置出现缺陷遗漏，军队就会打败仗，国家就会走向衰落。

【活学活用】

国家的强弱，就赖于将帅。将帅辅助国君，而足智周密，国家就富强；将帅不辅助国君，而怀有异心，国家就贫弱。因此，选择人才，委以在任，必须谨慎呀！

---

① 国之辅也：国，指国君。辅，原意是辅木，这里引申为辅助、助手。

② 辅周则国必强：辅助周密、相依无间国家就强盛。周，周密。

③ 辅隙则国必弱：辅助有缺陷则国家必弱。隙，缝隙，此处指有缺陷、不周全。

乱军引胜

【原文】

故君之所以患于军者三①：不知军之不可以进而谓之进②，不知军之不可以退而谓之退，是谓縻军③；不知三军之事，而同三军之政者④，则军士惑矣⑤；不知三军之权，而同三军之任⑥，则军士疑矣。三军既惑且疑，则诸侯之难至矣，是谓乱军引胜⑦。

【精义】

国君给军队造成祸害的有三种情况：不了解军队不可以前进而强令军队前进，不了解军队不可以后退而强令军队后退，这就叫作束缚军队；不知道军队内部的事情而干涉军事行政，这样就会使士兵们迷惑；不了解用兵的权宜机变而随心所欲地干涉军事指挥，这样就会使士兵们疑虑。军队既迷惑又疑虑，各诸侯国就会趁机发

---

① 君之所以患于军者三：意为国君危害军队行动的情况有三个方面。君，国君。患，危害。

② 谓之进：谓，使的意思，即使（命令）之进。

③ 是谓縻军：这叫作束缚军队。縻，束缚、羁縻。

④ 不知三军之事，而同三军之政者：不了解军事而干预军队的政令。三军，泛指军队。春秋时一些大的诸侯国设三军，有的为上、中、下三军，有的为左、中、右三军。同，此处是参与、干预的意思。政，政务，这里专指军队的行政事务。

⑤ 军士惑矣：使士兵们迷惑。军士，指军队的吏卒。惑，迷惑、困惑。

⑥ 不知三军之权，而同三军之任：不知军队行动的权变灵活性质，而直接干预军队的指挥。权，权变，机动。任，指挥、统率。

⑦ 是谓乱军引胜：自乱军队，失去了胜机。乱军，扰乱军队。引，失去之意。

难，举兵来攻，于是深重的灾难又降临了。这就是所谓的自己扰乱自己而把胜利送给敌人。

【读解】

自古以来，"将在外，君令有所不受"这一原则一直受到兵家的认可。因为战场上的局势瞬息万变，在古代由于交通不便等因素影响，往往一条命令从国君那里发出要经过数日甚至更久才能到达军中。如果不能准确把握战机而一味听从君主在后方的指令，则会丧失作战良机，错过大获全胜的机会，甚至会导致敌人反败为胜。古今中外，因贻误战机而遭失败的战例不胜枚举。

【活学活用】

将领的天职是服从命令、执行国君的使命。将帅指挥作战，是受命于君；将帅领兵出战是为完成"庙算"战略，目的是"安国辅君保民"。因此，受命君主，对君主负责是将帅的职责。

孙子不仅从这一方面讲君主与将帅的关系，而且还从国家利益、战争全局的高度来论述君将的另一方面的关系。将帅受命之后，不能时时处处拘谨地固守君命，应根据战争实际进程有所权变。同时，君主也不能脱离实际地去干扰将帅的作战指挥。

知胜有五

【原文】

故知胜①有五：知可以战与不可以战者胜，识众寡之用②者胜，上下同欲③者胜，以虞④待不虞者胜，将能而君不御⑤者胜。此五者，知胜之道也。

【精义】

可在下述五种情况下预见到胜利：知道什么情况下可以交战，什么情况下不可以交战的，能够胜利；懂得根据兵力多少而采取不同战法的，能够胜利；上下齐心协力的，能够胜利；以预先有戒备对付毫无戒备之敌的，能够胜利；将帅有指挥才能而君主不加牵制的，能够胜利。这五条，是预知胜利的有效途径。

【读解】

孙子提出的五条预测胜利的方法，在作战前和作战中都应该仔细考虑和分析。作战指挥，是对将帅对于整个战事的预测与估计，以及对局势变化而做出应变的能力的综合考验。在整个作战过程中，将帅都起着举足轻重的作用。

---

① 知胜：预测胜利。
② 识众寡之用：懂得众与寡的灵活运用。众寡之用，即用众、用寡，古兵法术语，犹今之指挥大兵团与指挥小分队。
③ 上下同欲：上下一心，犹民与上同意。欲，欲望。
④ 虞：度也，备也。
⑤ 君不御：言君主不得牵制、干预。御，指牵制、干预。

【活学活用】

根据实际情况而采取相应的应对措施，这在现代看来很容易理解，简而言之就是具体情况具体分析。 虽然这句话说得容易，但要真正做到却需要具备两个条件：一是能够客观地认清当前形势；二是对敌我双方力量能够做出正确评估。 两个条件缺一不可。

知彼知己

【原文】

故曰：知彼知己，百战不殆①；不知彼而知己，一胜一负②；不知彼，不知己，每战必殆。

【精义】

所以说，既了解敌人的虚实，又了解自己的优劣，百战都不会失败；不了解敌人，但了解自己，胜败的可能性各占一半；既不了解敌人，又不了解自己，那么每战都必定会遭到失败。

【读解】

本节中孙子从"全胜"的角度出发，提出"知彼知己，百战不殆"的著名论断，特别强调了"知"在用兵过程中的重要作用。认为作战时应准确了解敌我双方的实际情况，从实际出发制定自己的作战策略，以确保每战必胜。如果没有那么详细、准确、全面、深入地了解双方的实际情况，就不能制定出周密、切合实际、行之有效的策略，那么要想获得全胜便是痴人说梦、异想天开了。

【活学活用】

在这里，孙子用简洁、鲜明的语言，指明了战争指导者对敌我

---

① 知彼知己，百战不殆：是孙子千古名言之一，为古今中外军事家、政治家所传诵并实践。殆：危险。

② 一胜一负：胜负各半。

双方情况的了解和认识与战争胜负之间的关系，提示了指导战争的普遍规律。

　　知己知彼不仅是普遍应用于战争的科学规律，也是今天发展社会主义市场经济，为人们所借鉴的重要规律。　企业家在经营管理中必须要"知己知彼"，才能适应市场需要，以获利润。

形　篇

本经通读

孙子曰：昔之善战者，先为不可胜，以待敌之可胜。不可胜在己，可胜在敌。故善战者，能为不可胜，不能使敌之必可胜。故曰：胜可知而不可为。

不可胜者，守也；可胜者，攻也。守则不足，攻则有余。善守者，藏于九地之下；善攻者，动于九天之上。故能自保而全胜也。

见胜不过众人之所知，非善之善者也。战胜而天下曰善，非善之善者也。故举秋毫不为多力，见日月不为明目，闻雷霆不为聪耳。古之所谓善战者，胜于易胜者也。故善战者之胜也，无智名，无勇功，故其战胜不忒；不忒者，其所措必胜，胜已败者也。故善战者，立于不败之地，而不失敌之败也。是故胜兵先胜而后求战，败兵先战而后求胜。善用兵者，修道而保法，故能为胜败之政。

兵法：一曰度，二曰量，三曰数，四曰称，五曰胜。地生度，度生量，量生数，数生称，称生胜。故胜兵若以镒称铢，败兵若以铢称镒。胜者之战民也，若决积水于千仞之溪者，形也。

本篇旨要

"形"所指的是军事实力，即一个国家财富资源和军队力量的强弱。孙子认为，尽管谋略十分重要，但军事实力的强弱，更是决定战争胜败的重要因素。不仅"攻城""伐兵"离不开军事实力，就是"伐谋""伐交"，也必须以雄厚的军事实力为后盾。

孙子强调要发展军事实力，最基本的原则就是"修道而保法"，即通过修明政治，掌握战争规律，维护法规、制度等来使自己的军事实力强大到不可战胜的地步。当然，在具体的作战过程中，我方也有力量处于劣势的时候，这就更需要在军事实力的运用方法上高敌一筹，不能一味地发动进攻，而要充分利用地形等有利条件进行防御，增强自己的战斗力，掌握战争的主动权。

孙子认为军队作战首先要使自己立于不败之地，然后寻求敌人的可乘之隙，以压倒的优势，打击敌人，达到"自保而全胜"的目的。这也是唐太宗说的"攻是守之机，守是攻之策，同归乎胜而已矣"。

胜可知而不可为

【原文】

孙子曰：昔之善战者，先为不可胜①，以待敌之可胜②。不可胜在己，可胜在敌③。故善战者，能为不可胜，不能使敌之必可胜④。故曰：胜可知而不可为⑤。

【精义】

孙子说：从前善于用兵打仗的人，总是先要做到使自己立于不败之地，以等待和寻求敌人的可乘之机。不可能被敌人所战胜的主动权操在自己手中，有没有可乘之机战胜敌人，取决于敌人是否出现失误、暴露弱点。所以，善于用兵打仗的人，能够做到使自己立于不败之地，不可能被敌人所战胜，但却不能做到使敌人必定被击败。所以说，胜利可以预知但不可人为地强求。

【读解】

孙子在前面几节就提到，战争乃"国之大事，死生之地，存亡

① 先为不可胜：此句意为先创造条件，使敌人不能战胜自己。为，造成，创造。不可胜，使敌人不可能战胜自己。

② 以待敌之可胜：敌之可胜，指敌人可以被我战胜的时机。待，等待、寻找、捕捉的意思。

③ 不可胜在己，可胜在敌：指创造不被敌人战胜的条件，在于自己主观的努力，而敌方是否能被战胜，取决于敌方是否出现自己的失误，而非我方主观所能决定。

④ 能为不可胜，不能使敌之必可胜：能够创造自己不为敌所胜的条件，而不能强令敌人一定具有可能被我战胜的时机

⑤ 胜可知而不可为：胜利可以预测，却不能强求。知，预知，预见。为，强求。

之道"。他认为，善于用兵的人，一定在战前精密谋划，既不给对方以可乘之机，也绝不打无准备之仗；只要我方形成了对敌的整体优势，敌方必然陷入被动受制的境地。因此，战争胜负的整体形势在战前就已注定的，而非在开战后才形成。

军事实力的对比，是决定战争胜负的基础。所以，善于用兵的将帅总是尽力造成力量上的绝对优势，"先为不可胜"，然后等待时机，抓住敌人实力上的弱点和可能被战胜的机会（"以待敌之可胜"），发起攻击，获得胜利。"为"自己之不可被战胜，"待"敌人之可被战胜，表明孙子客观冷静的态度。自己的条件可以创造，军事实力可以设法培养加强，主观努力能够在一定程度上改变现状，故曰"能为"；而敌人的军事实力与用兵条件，却是我们无法凭一相情愿可以改变的，一切变化只能通过敌人内部的作用来实现，因此说"不能使"，只可等待时机，静观其变。胜负是可以预测的，但是不可强求。孙子对此充满深刻且辩证的智慧。

【活学活用】

古语说，"好风凭借力，送我上青云"，就是说成功在于借助外力，为自己创造成功的条件。现今这个社会竞争日益激烈，想要在社会上干出一番成就，在复杂的社会中立于不败之地，仅靠单打独斗是行不通的。俗话说："就算浑身是铁，又能打几颗钉？"应该学会为自己创造条件，让自己处于不败之地。

自保而全胜

【原文】

不可胜者，守也①；可胜者，攻也。守则不足②，攻则有余③。善④守者，藏于九地之下⑤；善攻者，动于九天之上⑥。故能自保⑦而全胜也。

【精义】

如果敌人不能被战胜，就必须严加防守；要想战胜敌人，就必须进攻得当。严加防守，是因为己方兵力不足；发动进攻，是因为己方兵力有余。善于防守的人，隐蔽自己的兵力就如同深藏于深不可知的地下一样，使敌人无法探清虚实；善于进攻的人，行动起来就如同神出鬼没于高不可测的天空中一样，使敌人根本无从防范。所以，既能保全自己，又能取得完全的胜利。

【读解】

孙子在前面提出"先为不可胜，以待敌之可胜"的观点。那

---

① 不可胜者，守也：此句指如果有不可战胜的条件，则可以防守。
② 守则不足：采取守势，是因为取胜条件不足。
③ 攻则有余：采取攻势，是由于具备了取胜条件。
④ 善：善于。
⑤ 藏于九地之下：这里指军队隐藏自己的实力和行踪，让敌人摸不清虚实状况。九，古代用做虚词，极言其数之多。
⑥ 动于九天之上：此句指善攻者进攻的态势异常迅捷，既出其不意又势不可挡。九天，极言高不可测。
⑦ 保：保全。

么，怎样才能做到"不可胜"和"可胜"呢？ 用他的话来说就是："不可胜，守也；可胜，攻也"。 孙子认为不被敌人打败的最好作战形式便是防守，只有采取主动的防御态势，积极弥补自己的弱点，不给敌方可乘之机，才能在战略上赢得主动。

"善守者，藏于九地之下；善攻者，动于九天之上。 故能自保而全胜也"，充分体现了孙武在防御战中"自保而全胜"的思想。 这种思想在全书中反复出现，对后代的军事家影响深远。

要做到"自保而全胜"，关键在于把握好进攻与防御的度。积极进攻当然是夺取胜利的主要手段，但也不能不顾客观形势而片面地强调进攻；同样，防御也不是一味奉行的准则，一切行动要以易变的战争形势为转移。

【活学活用】

战争的目的在于有效地消灭敌人，以达到使对方屈服的目的。同时，战争也在于保护自己，争取发展壮大自己。

因此，孙子提出了"能攻善守"的军事谋略。 实际上，能攻善守也是战争取胜的指挥艺术。 在实际军事行动中，无论是采取守势还是攻势，都要以有效保护自己而灭敌人为前提。 这就需要根据自己军事实力的强弱优劣，来选择进攻还是防守。 胜利条件足，就采取攻势；胜利条件、实力不足，就采取守势。

修道而保法

【原文】

见胜不过众人之所知，非善之善者也①。 战胜而天下曰善，非善之善者也②。 故举秋毫③不为多力，见日月不为明目，闻雷霆不为聪耳。 古之所谓善战者，胜于易胜者④也。 故善战者之胜也，无智名，无勇功⑤，故其战胜不忒⑥；不忒者，其所措必胜，胜已败者也⑦。 故善战者，立于不败之地，而不失敌之败也⑧。 是故胜兵先胜而后求战，败兵先战而后求胜。 善用兵者，修道⑨而保法⑩，故能为胜败之政。

【精义】

预见胜利，不超过一般人的见识，不算是高明中最高明的；经

---

① 见胜不过众人之所知，非善之善者也：预见胜负不高出众人的水平，算不得什么高明。 见、知二字互文，均为预见、预知之意。

② 战胜而天下曰善，非善之善者也：力战而胜之，天下人都说好，不算好中最好的。 因为诉诸兵刃，浴血而胜，天下才曰善，既未见微察隐，取胜于无形，又未"不战而屈人之兵"，故曰"非善之善者也"。

③ 秋毫：兽类于秋天新长出的极纤细的毛称秋毫，用以喻极轻细之物。毫：毛。

④ 胜于易胜者也：胜于敌势未张之时，胜于业已处于失败地位之敌，此用力微而取胜全。

⑤ 无智名，无勇功：见微察隐，胜敌于易胜，众不能知，故大智者反无智名；胜敌于易胜，胜敌于敌势未张，自保而全胜者因用力微、众不能知，反无勇功。

⑥ 忒：差。

⑦ 胜已败者也：战胜那些已处于失败地位的敌人。

⑧ 不失敌之败也：不放过任何一个可打败敌人的时机。

⑨ 道：政治。

⑩ 法：用兵的原则，法度。

过激战而取得胜利，即使天下的人都说好，这也不算是高明中最高明的。正如举得起秋毫（鸟兽秋天的细茸毛）称不上力大，看得见日月算不得眼明，听得见雷声谈不上耳聪一样。古时候所谓善于打仗的人，总是战胜容易战胜的敌人。所以，善于打仗的人取得胜利，既没有智谋的名声，又没有勇武的战功。所以，他们取得胜利不会出现差错，之所以不会出差错，是因为他们的作战措施建立在必胜的基础上，所战胜的是已经处于败势的敌人。所以，善于打仗的人，总是使自己立于不败之地，同时又不放过任何击败敌人的有利时机。因此，打胜仗的军队总是先创造取胜的条件，而后才与敌人交战；打败仗的军队，总是先同敌人交战，而后希冀侥幸取胜。善于用兵打仗的人，总是修明政治，确保法令制度的执行，因而能够掌握战争胜败的主动权。

【读解】

"故善战者，立于不败之地，而不失敌之败也。"这是对善战将领的精彩描述，也是贯穿《形篇》的灵魂。要想"立于不败之地"，重在做好战前筹划工作。战前准备要周全而详密，要多收集对方的情况，然后对比自身，分析我方、对方各自的优势、劣势。还要对可能出现的情况做出最佳的预测，以便采取应急的对策，从而制定出一套周密的计划。"胜兵先胜而后求战，败兵先战而后求胜"，这和开头说的要打有把握之仗是相呼应的。孙子认为，一旦出兵，要么不打，要打就要打胜。而如果在战前没有充分谋划就贸然出兵，企图侥幸获胜的话，必然会失败。

【活学活用】

"修道保法"的思想，对于领导者来讲，是极为重要的。

所谓修道，即是要做好思想政治工作，努力提高组织成员的素质；规章制度是一个组织的内部法律，它具有强制性的约束力，是组织的每个成员都必须遵循的行为规范。 保法，即是要建立和完善各项规章制度，加强法制。 "修道保法"是领导者"一手抓"精神文明建设，"一手抓"法制，"两手"都要"硬"的具体体现。

胜兵若以镒称铢

【原文】

兵法：一曰度①，二曰量②，三曰数③，四曰称④，五曰胜⑤。地生度⑥，度生量⑦，量生数⑧，数生称⑨，称生胜⑩。故胜兵若以镒称铢⑪，败兵若以铢称镒。胜者之战民⑫也，若决积水于千仞之溪⑬者，形⑭也。

【精义】

用兵之法包括五个环节：一是土地幅员的"度"，二是物质资

① 度：原指衡量长短的尺寸，这里指土地幅员大小。
② 量：原指计算粮食容积的音、斗等，这里指人口和物资数量。
③ 数：指数目的多少，这里指军队实力的强弱，以及将投入的兵力数量。
④ 称：原意指称量轻重，引申为权衡，即对敌我双方的实力作出衡量。
⑤ 胜：推算胜负的情况。
⑥ 地生度：此指敌我交战，必先衡量双方所拥有的土地大小作为作战基础。
⑦ 度生量：意思是基于双方拥有"地利"状况，可以知道其物质资源之储备及国力之强弱。
⑧ 量生数：意思是说计算了敌国物质资源状况，可以知道其所拥兵一二之众寡。
⑨ 数生称：意思是由兵员之众寡可以对比出双方兵力的强弱。
⑩ 称生胜：意思是说对比衡量了双方的强弱形势，就可以知道优劣胜负的实况。
⑪ 以镒称铢：镒、铢，都是古代的重量单位，二十四铢为一两，二十四两为一镒，一镒合五百七十六铢。以镒称铢，以很重的事物去称量很轻的事物，比喻兵力众寡的悬殊。
⑫ 战民：意指统帅指挥部众参加作战。民，作"人"解，这里指士卒。
⑬ 积水于千仞之溪：决开积水从极高的山顶冲下来。仞，古代长度单位之一，一仞等于七尺，千仞形容非常之高。
⑭ 形：这里指由双方实力悬殊而造成。

源的"量",三是兵员众寡的"数",四是双方实力对比的"称",五是胜负优劣的"胜"。敌我双方土地面积不相等,就产生了幅员大小"度"的不同;幅员大小的"度"的不同,就产生了物质资源多少的"量"的不同;物质资源多少的"量"的不同,就产生了能投入多少兵员的"数"的不同;双方兵员"数"的不同,就产生了军事力量强弱对比的"称"的不同;力量对比的"称"的不同,就产生了战争双方的优劣胜负。所以,胜利的军队与失败的军队相比,如同用"镒"称"铢"那样处于绝对优势的地位;失败的军队与胜利的军队相比,如同以"铢"称"镒"那样处于绝对劣势的地位。胜利者指挥军队作战,就像从万丈高的山涧决开积水一样,奔涌而下,势不可挡,这就是"形"——军事实力。

【读解】

孙子认为军备的发展必须掌握"度、量、数、称、胜"五个环节,国家土地幅员决定物产资源,物产资源决定能承担多少武装力量,武装力量大小决定军事实力,综合国力、军力决定战争的胜负、国家的安危。

孙子所要求掌握的这五个环节,一个"生"一个,有一种必然逻辑关系,但其核心是一个"称",就是综合国力;各环节要保持比例,协调平衡才能保持稳定的发展势头。否则,盲目追求军备的单项优势,就缺乏稳定的基础,就会失去平衡,呈现暴涨暴落。孙子强调扩充军备要量力而行,进行对外战争要量力而行。

【活学活用】

孙子着眼于综合国力来谈发展军备。他强调加强国家军备建设,反对不顾国力盲目发展军备。

孙子又提出"称胜"说。 尽管孙子的这种"称胜"说，思想朦胧，但它的确透露出这样一个建军指导思想：军力与国力应当有一个恰当比例，彼此协调发展。 国力与军力相比，国力是主导，军力是从属，国力的发展决定军力的发展。 这不仅是古代经国治军的重大课题，在今天仍有借鉴意义。 在现代国防建设中，也要遵循"称胜"这一个原则，着眼于综合国力，以争取长远的军事战略优势地位。

势 篇

本经通读

孙子曰：凡治众如治寡，分数是也；斗众如斗寡，形名是也；三军之众，可使必受敌而无败者，奇正是也；兵之所加，如以碬投卵者，虚实是也。

凡战者，以正合，以奇胜。故善出奇者，无穷如天地，不竭如江河。终而复始，日月是也；死而复生，四时是也。声不过五，五声之变，不可胜听也；色不过五，五色之变，不可胜观也；味不过五，五味之变，不可胜尝也。战势不过奇正，奇正之变，不可胜穷也。奇正相生，如循环之无端，孰能穷之？

激水之疾，至于漂石者，势也；鸷鸟之疾，至于毁折者，节也。是故善战者，其势险，其节短。势如弩，节如发机。

纷纷纭纭，斗乱而不可乱也；浑浑沌沌，形圆而不可败也。乱生于治，怯生于勇，弱生于强。治乱，数也；勇怯，势也；强弱，形也。故善动敌者，形之，敌必从之；予之，敌必取之。以利动之，以卒待之。

故善战者，求之于势，不责于人，故能择人而任势。任势者，其战人也，如转木石。木石之性，安则静，危则动，方则止，圆则行。故善战人之势，如转圆石于千仞之山者，势也。

本篇旨要

　　本篇是孙子军事指挥理论的精华。兵法上"势"的思想建立者是孙武。孙武的所谓"势"，就是指挥员在充分运用已有客观条件的基础上，最大限度地发挥主观能动性，巧出奇正，巧用虚实，出敌不意，最终造成一种对敌要害部位具有致命威慑力量的险峻的战争态势，这一过程为造势；在"势"形成的最佳时刻，发起攻击，即任势。任势之机，孙子称之为"节"。"节"为任势之关键，有"势"无"节"，"势"必白费。孙武认为，作为指挥员，追求战争胜利应"求之于势，不责于人"，把"势"提到了指挥艺术的最高峰。

治众如治寡

【原文】

孙子曰：凡治众如治寡①，分数②是也；斗众③如斗寡④，形名⑤是也；三军之众⑥，可使必受敌而无败⑦者，奇正⑧是也；兵之所加⑨，如以碫投卵⑩者，虚实⑪是也。

【精义】

孙子说：管理人数多的军队如同管理人数少的军队一样，这要靠严密的组织编制；指挥人数多的军队战斗，如同指挥人数少的军

① 凡治众如治寡：治理大部队与治理小部队的基本原理一样。治，治理，这里指治理军队。众，大部队。寡，小部队。
② 分数：军队的编制与员额。
③ 斗众：指挥大部队战斗。
④ 斗寡：指挥小部队战斗。
⑤ 形名：军队作战的工具及联络信号。
⑥ 三军之众：三军之部众。
⑦ 必受敌而无败：必立于受敌而不败的地位。
⑧ 奇正：是古代兵法中最基本、最常见、极重要的一组"对立统一"的概念，是古代兵法常用术语，它广泛应用于谋略、战法等各个领域。一般说来，一般的、常规的为正，特殊的、变化的为奇；战术上先出为正，后出为奇，正面为正，侧击为奇，明战为正，暗袭为奇，一言以蔽之，在人意料之中为正，出人意料之外为奇，能出人意料，便是用奇。
⑨ 兵之所加：犹言兵之所指，兵之所向。
⑩ 以碫投卵：以石击卵，喻绝对优势对劣势，喻以坚击脆，以实击虚。碫，磨刀石，此泛指坚硬石块。
⑪ 虚实：古代兵法中常用术语，与"奇正"一样为古代兵学中辩证的哲学概念。主要用来指军事实力的两个方面，如强弱、众寡、劳逸、真伪、有余不足等。同样，在实际运用中，兵行诡道，实者虚之，虚者实之，虚虚实实，使敌莫知所向，然后以实击虚。

队战斗一样，这要靠好的作战工具和规定好的指挥信号。统率三军人马，能够使它在遭到敌人袭击的时候不会吃败仗，这要靠用兵的"奇正"变化。挥兵攻击敌人，如同以石击卵一样，这要靠机动灵活地避实击虚。

【读解】

这一段讲述的是军队治理和战术运用的问题。自古以来，军队都有一定的编制，以便能够统一部署和管理，使得军令能够快速有效地传到下级，方便军队的整体调度。在具体运用战术时，要讲求出奇制胜、虚实结合。两方交战，既要按照常规出兵，做到有章可循，又要突破常规，使用奇巧战术，给对方造成各种假象，令其无法摸清我方的真实意图，以寻找可乘之机，夺取胜利。这也就是寻找机会制造有利于我军的"势"。

【活学活用】

利用有利的形势，组织指挥进攻，以求一举得胜。"任势"的本义乃是"人"发挥主观能动性，根据战场环境的诸要素，顺势而治，捕捉最有利的战机，以取胜于敌人。

"任势"的战略战术思想，揭示给我们的不限于战场，在政治、经济及文化、体育领域都有利用形势、抓住时机取得成功的问题。比如企业经营活动，特别要抓住制造产品、供货、销售等重要环节。在产品销售时，就要测算好市场动态，按市场需要制造、推销产品，赢得利润。

奇正相生

【原文】

凡战者，以正合，以奇胜①。故善出奇者，无穷如天地，不竭如江河②。终而复始，日月是也③；死而复生，四时是也④。声不过五⑤，五声之变，不可胜⑥听也；色不过五⑦，五色之变，不可胜观也；味不过五⑧，五味之变，不可胜尝也。战势⑨不过奇正，奇正之变，不可胜穷⑩也。奇正相生⑪，如循环之无端⑫，孰能穷之？

---

① 以正合，以奇胜：以正兵交合，以奇兵取胜。此言取胜的根本在于用奇。

② 善出奇者，无穷如天地，不竭如江河：善于出敌不意的人，他的"奇"是无穷如天地万物之变化，不竭如滔滔江河之不绝。

③ 终而复始，日月是也：日月运行，入而复出。终，日、月之落。始，始出、始现。

④ 死而复生，四时是也：此言四季更替。死，指时令过去了；生，指时令又来了。

⑤ 声不过五：古代音阶五个，即宫、商、角、徵、羽，合称为五声，或称五音。其中宫、徵有变宫、变徵，实际上与现代简谱七个音阶基本相同。

⑥ 胜：尽。

⑦ 色不过五：古代原色五种，指青、黄、赤、白、黑。亦称为正色，其余为间色。

⑧ 味不过五：古代味分酸、甜、苦、辣、咸五种，以此五味为原味。

⑨ 战势：此指作战方式与兵力部署形式。势，此为形式、方式。

⑩ 不可胜穷：乃穷之不尽，犹言无穷无尽。

⑪ 奇正相生：指奇正相互转化，灵活运用。奇可为正，正可为奇；欲用奇，示敌以正；欲用正，示敌以奇；在一定条件下为正的（如某常规方法），在另一条件下为奇（如敌人以为不会使用）。均属"相生"。

⑫ 如循环之无端：像顺着圆环旋转那样没有尽头，以喻无穷无尽。端，尽头。

【精义】

大凡用兵作战，一般都是用"正"兵当敌，以"奇"兵取胜。所以，善于出奇制胜的将帅，其战法如同天地运行那样变化无穷，像江河那样奔流不竭。终而复始，如同日月运行。死而复生，如同四时更替。乐声不过五个音阶，可是五音的变化，却会产生出听不胜听的声调来。颜色不过五种，可是五色的变化，却会产生出看不胜看的色彩来。味道不过五种，可是五味的变化，却会产生出尝不胜尝的味道来。作战方式与方法，不外乎"奇正"二字，可是"奇正"的变化，却是无穷无尽的。奇正相互联系，相互转化，就像顺着圆环旋转一样，无始无终，谁能穷尽它呢？

【读解】

"凡战者，以正合，以奇胜"，这是孙子对战争的总结，得到了历代兵家的认可。但是对于何为正，何为奇，各家的说法却莫衷一是。有人认为"先出为正，后出为奇"；有人认为"明战为正，暗攻为奇"；也有人认为"正面作战为正，侧翼作战为奇"；还有人认为"静为正，动为奇"。虽然说法不一，但有一点是共通的，那就是以一般的用兵常识部署、交战，然后根据战争形势的变化，以奇兵取胜。

【活学活用】

"正"兵接敌、"奇"兵取胜，是孙子正确部署兵力，灵活运用战法的思想。作为一般作战原则，是以正兵当敌，以奇兵取胜；正兵用于固守，奇兵用于制敌。但是，奇兵与正兵既互为依托，又互相变化，在相生相变中创造战机，给敌人出其不意的打击，从而收到以奇制胜的效果。

正奇结合、出奇制胜，包含着矛盾相反相成的哲理。而在矛盾属于你争我夺，甚至是你死我活的事物中，作为与"正"相反的"奇"的一面，在实践中常常要求我们在实行某种伪装和欺骗的条件下，抓住时机采取出其不意的突然行动，促进矛盾的迅速解决，推动事物的飞速发展。这在战争中如此，在企业商战中也相类似。

善战者势险、节短

【原文】

激水之疾①，至于漂石②者，势③也；鸷鸟④之疾，至于毁折⑤者，节⑥也。是故善战者，其势险，其节短。势如彍弩⑦，节如发机⑧。

【精义】

湍急的流水飞泻而下，以至于冲走石头，这是由于水有强大的势能；凶猛的鸷鸟高飞迅疾，以至于捕杀鸟雀，这是由于节奏适宜造成的。所以，善于打仗的高明将帅，所造成的态势是险峻的，其行动节奏是短促有力的。态势就像张满的强弓，节奏就像突发的弩机。

【读解】

孙子认为，善于指挥军队作战的人，总是设法求得有利的态势，而不是去苛求部署，因而他能够选择合适的人才去利用有利的态势。当然，这样的人就容易取得行军作战的胜利。

---

① 激水之疾：激，湍急；疾，快，迅猛、急速。
② 漂石：漂石即移动石头（冲走石头）。漂，漂移。
③ 势：这里指事物本身态势所形成的内在力量。
④ 鸷鸟：凶猛的鸟，如鹰、雕、鹫之类。
⑤ 毁折：这里指捕捉鸟、兔之类动物。毁伤、捕杀。
⑥ 节：节奏。指动作暴发得既迅捷、猛烈，又恰到好处。
⑦ 势如彍弩：彍弩即张满待发之弩。彍，弩弓张满的意思。
⑧ 发机：发机即引发弩机的机钮，将弩箭突然射出。机，即弩牙。

无数事实说明：用势则胜，用力则败。而这些也可以从刘邦与项羽身上得到充分的印证。实际上，用势之所以胜，用力之所以败，原因就在于一个极为省力，事半功倍，一个极为费力，事倍功半。

孙子在这里所阐述的意思类似于现在我们常说的"形势"二字。"形"指的是呈现出的静态，是力量尚未爆发之前的状态；"势"指的是呈现出的动态，是力量瞬间爆发所产生的威力。孙子以形象的事例论述了"形"与"势"之间的关系。细静的水流呈现出的是一种静态的感觉，没有丝毫威力可言，这就是一种"形"。但是在堤坝决口处，迅猛而下的水流却能将石头冲走，这种巨大的威力就是"势"；猛禽在攻击前的状态是"形"，捕杀猎物的瞬间便形成了"势"。

【活学活用】

孙子说，势之所以对于战争胜负具有决定性的作用，是由于它能够产生极高的速度和极大的冲力，并且可以在极短的时间和距离内发挥作用。利用势可以以四两拨动千斤，而不利用它，却如同以千斤之力相抗，难而又难。

所以说，聪明的人做事，注意用势；而愚蠢的人做事，则只知道用力。善于用势者必胜，只知用力者必败。

以利动之

【原文】

纷纷纭纭①，斗乱②而不可乱也；浑浑沌沌③，形圆而不可败也④。乱生于治⑤，怯生于勇，弱生于强⑥。治乱，数也⑦；勇怯，势也；强弱，形也。故善动敌⑧者，形之⑨，敌必从之；予之，敌必取之。以利动之，以卒待之⑩。

【精义】

在战旗纷乱、人马混杂的混乱状态中指挥作战，必须使自己的军队不发生混乱；在迷混不清的情况下用兵打仗，布阵要周密，不致于被敌人所攻破。混乱产生于严整，胆怯产生于勇敢，弱小产生于强大。严整或混乱，这是由军队组织编制的好坏决定的；勇敢或胆怯，这是由作战态势的优劣决定的；强大或弱小，这是由军队的

---

① 纷纷纭纭：此指旌旗杂乱的样子。纷纷，紊乱无序。纭纭，众多且乱。
② 斗乱：于纷乱状态中指挥作战。
③ 浑浑沌沌：混乱迷蒙不清的样子。
④ 形圆而不可败也：指摆成圆阵，首尾连贯，与敌作战应付自如，不至失败。
⑤ 乱生于治：示敌混乱，是由于有严整的组织。
⑥ 弱生于强：示敌弱小，是由于本身拥有强大的兵力。
⑦ 治乱，数也：数，即前言之"分数"，指军队的组织编制。意为军队的治或乱，决定于组织编制是否有序。
⑧ 动敌：调动敌人。
⑨ 形之：指用假象迷惑欺骗敌人，使其判断失误。形，用作动词即示形、示敌以形。
⑩ 以卒待之：用重兵伺机破敌。卒，士卒，此处可理解为伏兵、重兵。

实力大小对比决定的。所以，善于调动敌人的将帅，做出某种行动迷惑敌人，敌人就必定会上当受骗；给予敌人一点好处，敌人就必定来贪取；用利益引诱、调动敌人，以重兵准备伺机歼灭敌人。

【读解】

本段中，孙子特别强调了在战场上隐藏自身实力的重要性，故意做出假象，使敌方感到我方不具有威胁性而产生轻视的心理。这样，敌人在进攻时，必然会大意而为，我军再找准机会重拳出击，定可一举击垮对方。"予之，敌必取之"，这就是说，在战场上也要懂得牺牲，以小利获大益。

【活学活用】

古人云：天下熙熙皆为利来，天下攘攘皆为利往。天下人为了利益蜂拥而至，为了利益又各奔东西。利以诱之可以使人在利益面前改变方向，也可以使人迷失方向，让其为我服务，听我指挥，或使事物按照自己设计的方向发展，使受益者有"鱼儿见饵，不见钩"之祸。以利动敌，正是瞄准了人性中的贪念，从而为敌人设下陷阱。

求之于势

【原文】

故善战者,求之于势①,不责于人②,故能择人而任势③。任势者,其战人④也,如转木石。木石之性,安则静⑤,危则动⑥,方则止⑦,圆则行⑧。故善战人之势⑨,如转圆石于千仞之山者⑩,势也。

【精义】

善于用兵打仗的人,总是设法创造有利的态势来求取胜利,而不是一味地苛责部属,所以他能够合理地选择任用各方面的人才,利用和创造各种有利的态势。善于利用和创造有利态势的将帅,指挥军队作战就像滚动木头和石头一样。木头和石头的本性,是放在平坦的地方就静止不动,放在高峻险要的陡坡就容易滚动;呈方形

---

① 求之于势:寻求有利于己的态势。求:寻求,利用。

② 不责于人:意为不苛求部下。责,原意为责备。《说文》:"责,求也。"这里指苛求。

③ 择人而任势:指挑选合适的人才,充分利用有利的形势。择,选择。任,利用。

④ 战人:指挥军队与敌人作战。

⑤ 安则静:把它们放在平坦安稳的地方,它们就能静止不动。

⑥ 危则动:指将木头和石块放在险峻的高处,它们就会自行滚动。危,险峻的地方。

⑦ 方则止:方形的木石静止不动。

⑧ 圆则行:圆形的木石滚动自如。

⑨ 势:趋势,态势。

⑩ 转圆石于千仞之山者:从万丈峰顶向下滚动圆石。千,数词,特指非常高。仞,量词,一仞为七尺。

的就静止，呈圆形的就很容易滚动。所以，善于指挥作战的将帅所造成的有利态势，就好像把圆石头从万丈高山上滚下来一样，猛不可挡，这就是有利的态势！

【读解】

孙子认为，高明的用兵者，总是力求创造有利的战争态势。他把这比喻为转动圆石，将圆石从千仞之高的山上滚下来，它就会以愈来愈快的速度摧毁途中的一切，爆发出巨大的威力。将这种"势"运用在人身上，就是极大地调动人的积极性，鼓舞我方的士气，打击对方的气焰，把将士的士气激发出来，付诸战斗。精明的将帅会"择人而任势"，力图制造对己方有利、对敌方不利的形势，来获取成功。从而孙子明白地表示，人的因素第一，将帅起决定作用。善于指挥打仗的将帅，"求势"而不"责人"，"择人而任势"。

【活学活用】

军队取胜要谋取势，企业经营同样需要首先谋"势"。谋势就是谋求优势，这种优势包括政治优势、管理优势、产品优势、营销优势、气候优势等。所谓政治优势，就是要坚持大的方向，使上下一心，"与众相得"。所谓管理优势，就是要有先进的管理体制，科学的管理方法，适应现代市场经济特点的机制，能最大限度地激发调动职工的积极性和创造性。所谓产品优势，就是要有自己的拳头产品，这是硬优势，是在商战中赖以取胜的关键。一个企业不必追求所有的产品都优，一种或几种产品能得到社会的承认，就会使整个企业声名大振。另外，除了有一支能干的推销队伍，使产、供、销都达到优化的要求之外，还要注意地理、气候、环境条件对企业的影响等。

企业不仅要谋求优势，还要善于利用优势，因势定谋，借势成事。一种新产品面市，如果推广投入太少，则市场波澜不兴，新产品可能无疾而终；如果推广投入太大，则企业成本增加，有可能得不偿失。如果仅以传统的硬广告、拉关系推销等方法，虽然也有一定效果，但是往往事倍功半，收不到理想的效果。如果是具有一定市场难度或是广告费用有限的产品，推广起来就更加举步维艰了。那么，通过何种方式推广才能迅速被市场认可，被消费者接受，并迅速产生经济效益呢？借势营销是解决这类问题的有效手段！

虚实篇

本经通读

孙子曰：凡先处战地而待敌者佚，后处战地而趋敌者劳。故善战者，致人而不致于人。

能使敌人自至者，利之也；能使敌人不得至者，害之也。故敌佚能劳之，饱能饥之，安能动之。

出其所不趋，趋其所不意。行千里而不劳者，行于无人之地也；攻而必胜者，攻其所不守也；守而必固者，守其所不攻也。故善攻者，敌不知其所守；善守者，敌不知其所攻。微乎微乎，至于无形；神乎神乎，至于无声。故能为敌之司命。

进而不可御者，冲其虚也；退而不可追者，速而不可及也。故我欲战，敌虽高垒深沟，不得不与我战者，攻其所必救也；我不欲战，画地而守之，敌不得与我战者，乖其所之也。

故形人而我无形，则我专而敌分。我专为一，敌分为十，是以十攻其一也，则我众而敌寡。能以众击寡者，则吾之所与战者，约矣。吾所与战之地不可知，不可知则敌所备者多；敌所备者多，则吾所与战者寡也。故备前则后寡，备后则前寡；备左则右寡，备右则左寡；无所不备，则无所不寡。寡者，备人者也；众者，使人备己者也。

故知战之地，知战之日，则可千里而会战；不知战地，不知战日，则左不能救右，右不能救左，前不能救后，后不能救前，而况远者数千里，近者数里乎？

以吾度之，越人之兵虽多，亦奚益于胜败哉？故曰：胜可为也。敌虽众，可使无斗。

故策之而知得失之计，作之而知动静之理，形之而知死生之地，角之而知有余不足之处。

故形兵之极，至于无形；无形，则深间不能窥，智者不能谋。因形而错胜于众，众不能知；人皆知我所以胜之形，而莫知吾所以制胜之形。故其战胜不复，而应形于无穷。

夫兵形像水。水之形，避高而趋下；兵之形，避实而击虚。水因地而制流，兵因敌而制胜。故兵无常势，水无常形。能因敌变化而取胜者，谓之神。

故五行无常胜，四时无常位，日有短长，月有死生。

本篇旨要

本篇论述战略谋划与战术用兵上的虚实问题。孙子认为"兵之所加，如以碫投卵者，虚实是也"。本篇对此作了专章论述。第一，要牢牢掌握战略战术上的主动权，"致人而不致于人"，这是用兵的根本原则之一。能"致人而不致于人"，"佚者劳之"，"我专而敌分"，便能化敌之实为虚，变己之虚为实，从而以实击虚；能做到"致人而不致于人"，便能有效地"避实击虚"，便能使敌不知其所守，亦不知其所攻，而我则能随心所欲，攻守自如，无往不胜。第二，必须全面地、不断地、深入地掌握敌我双方不断变化着的情况，除了战前的必要掌握之外，战争中还要采取"策之""作之""形之""角之"等种种手段掌握敌情，探明虚实，以便"因敌变化"，"应形于无穷"。第三，要"因形而错（措）胜于众，众不能知"，虚者实之，实者虚之，虚虚实实，使敌"深间不能窥，智者不能谋"，众人亦"莫知吾所以制胜之形"。

善战者致人

【原文】

孙子曰：凡先处战地而待敌者佚①，后处战地而趋敌者劳②。故善战者，致人而不致于人③。

【精义】

孙子说：凡是先占据战略要地而等待敌人的就主动、安逸，后到达战略要地而仓促应战的就被动、疲劳。所以，善于用兵作战的人，总是调动敌人而不被敌人所调动。

【读解】

孙子在这里强调的是在作战中要争取主动权。 要在战争中争取"致人"，也就是调动敌人，让我方占有主动，以我方调动敌方，使其按照我方的意图行动。 他认为，在战争中，最重要的一点便是要掌握战争的主动权。 这种主动权可以体现在作战前的准备阶段，我方先于敌方进入阵地，做好战略部署，这就已占有了优势，可以以逸待劳，在敌方疲惫之际，先发起攻击。

【活学活用】

"以逸待劳"是战争与竞争的一般规律，而"后发制人"则

---

① 凡先处战地而待敌者佚：两军交战，凡先据战地者，可使自己处于士马闲逸的主动地位。 佚，同"逸"。

② 后处战地而趋敌者劳：后处战地而仓促应战者士马劳倦。 趋，奔赴。

③ 致人而不致于人：调动敌人而不为敌人所调动。 致，招、引之意。

可以视为该谋略的补充说明，它往往在敌强我弱时是最佳的谋略。 后发制人运用得当，常可以以弱制强、以少胜多。 从政治上讲，后发制人容易争取人心，动员民众，取得国际同情和支持；从军事上讲，后发制人强调以我之持久，制敌之速决，避免在不利时进行决战，以便争取时间，创造条件取胜；从市场竞争上讲，后发制人避免与强大对手硬拼，而等到对手走下坡路时，再乘机出击。

诱敌以利

【原文】

能使敌人自至者，利之也①；能使敌人不得至者，害之也②户。 故敌佚能劳之③，饱能饥之，安能动之④。

【精义】

能够诱使敌人主动上钩的，是以利引诱的结果；能够使敌人不能抵达，是制造困难阻止敌人的结果。所以，敌人安逸，就设法使它疲劳；敌人粮食充足，就设法使它挨饿；敌人驻扎安稳，就设法使它移动。

【读解】

在战争中要尽量争取主动权，只有这样才不致受制于敌。"致人而不致于人"是实行虚实原则的前提，只有做到使敌军处处受制于我，而我时时不受制于敌人，才能真正把握战争的主动权，才能创造出以实击虚的良好战机。 但是，能否获得主动权是以客观条件为基础的，兵力、武器、配套设备、补给等都是决定己方能否取得主动权的因素。 将帅要善于制造有利于己方的形势，打乱

---

① 能使敌人自至者，利之也：能使敌人自来，乃是以利引诱的缘故。 利之，以利引诱。

② 能使敌人不得至者，害之也：能使敌人不得到达战地，乃是牵制敌人的结果。 害，妨害，阻挠之意。

③ 劳之：劳，使之疲劳。

④ 安能动之：敌若固守，我就设法使它移动。

对方的作战计划，在对方"逸、饱、安"时，设法使其"劳、饥、动"，从而获取主动权。

【活学活用】

孙子强调，"兵以利动""利而诱之"。孙子认为做到这些的关键是要摸准对方贪什么"利"，然后针对其所求而施以小利。

"利而诱之"，在商战中，也是经常被运用的策略。俗话说，"无利不起早"正是这个道理。"利而诱之"，在经营中就是"投其所好"，关键在于对消费者的购买心理仔细研究，认真分析，把自己置身于顾客的角度，想顾客之所想，求顾客之所求，从而追求适销对路的产品，探求最佳的经营方式和服务方式，以满足各类顾客的需求。

攻其所不守

【原文】

出其所不趋①，趋其所不意②。 行千里而不劳者，行于无人之地③也；攻而必胜者，攻其所不守也④；守而必固者，守其所不攻也。 故善攻者，敌不知其所守⑤；善守者，敌不知其所攻。 微乎微乎⑥，至于无形⑦；神乎⑧神乎，至于无声。 故能为敌之司命⑨。

【精义】

出兵要攻击敌人无法救援的地方，进军要向着敌人意想不到的方向。行军千里而不劳顿，是因为行进的是敌军没有防备的地区。进攻而必然得手，是因为所进攻的是敌人不加防守或防守不严的地方。防守阵地必定坚固，是因为防守的是敌人所无法进攻的地方。

---

① 出其所不趋：进攻要选择敌军兵力无法顾及的地方，也就是攻其空虚。出，出兵、出击。 趋，疾走。

② 趋其所不意：进攻要出乎敌方意料之外。 意，意料。

③ 无人之地：敌人没有设防的地区。

④ 攻而必胜者，攻其所不守：出击必能取胜的原因，是由于攻击敌军戒备虚之处。

⑤ 善攻者，敌不知其所守：善于进攻的军队，令敌军不知道应该防守何处。

⑥ 微乎：微妙。 乎，语气词。

⑦ 无形：不留行踪。

⑧ 神乎：神奇。

⑨ 故能为敌之司命：虚实运用出神入化，可使自己立于不败之地，成为主宰敌人命运的人。 司命，主宰命运者。

所以，善于进攻的人，使得敌人不知道应该防守什么地方；善于防守的人，使得敌人不知道应该进攻什么地方。微妙啊！微妙！甚至到了看不出一点儿形迹的地步；神奇啊！神奇！甚至到了完全无声无息的程度。所以，这样的人能够成为敌人命运的主宰。

【读解】

"攻其所不守""守其所不攻"是关于进攻和防守作战中应该注意的两点，也就是前边所说的"避实击虚"策略。"攻其所不守"，是进攻战中的"避实击虚"，"不守"，不能片面理解为敌人没有防守的地方，而是指敌人防守能力薄弱的环节或地方；"守其所不攻"，是防守战中的"避实击虚"，"不攻"，也不能片面地理解为敌人不会来进攻的地方，而是指在防守中没有漏洞、没有空隙可钻的地方。孙子认为，好的指挥家，在作战中能做到令敌人无形可窥，无声可寻，这样就能主宰敌人的命运。

【活学活用】

在进攻时，就要攻击敌人防守空虚、薄弱的地方，这种地方敌军或者没有防备，即使有防备，也是漏洞百出，如将领无能、兵马不精、营垒不坚固、防守不严密、敌人救助所不能及、人心不齐、粮草不足等等。对这种地方的进攻，才能做到攻必取、战必胜。

战必我所欲

【原文】

进而不可御者①，冲其虚②也；退而不可追③者，速而不可及也。故我欲战，敌虽高垒深沟④，不得不与我战者，攻其所必救⑤也；我不欲战，画地而守⑥之，敌不得与我战者，乖其所之⑦也。

【精义】

进攻时，敌人无法抵挡，这是因为所冲击的是敌人防守空虚的地方；撤退时，敌人无法追赶，这是因为行动迅速，使得敌人追赶不上。所以，我军如果寻求作战，敌军即使深沟高垒也不得不出来与我军交战，这是因为我军进攻的是敌人必救的要害部位。我军如果不想交战，即使据地而守，敌人也无法与我交战，这是因为我们诱使敌人改变进攻的方向。

【读解】

这段话讲述了在战争中应赢得主动权，战与不战都为我所欲，

---

① 进而不可御者：敌军对于我方的进攻无法抵挡。

② 冲其虚：意为我军进攻的正是敌人防守松懈的地方。冲，冲击。虚，防守松懈之处。

③ 退而不可追：撤退时敌人追不上。退，撤退。不可追，追不上。

④ 高垒深沟：高高的营垒，深深的沟堑。这里指敌军坚守防备。

⑤ 攻其所必救：攻击敌人必须救援的要塞据点。

⑥ 画地而守：指画地形或画个界线而守，比喻不做重要设防而守。

⑦ 乖其所之：敌本该来攻，然我从其他方向以利害相诱逼，敌不得不改变去向，我则能"画地而守"。乖，违。之，动词，往。意即改变敌人的行动方向。

即使逃也要行动迅速，使敌人追之不及。 "攻其所必救""乖其所之"都可以调动敌人，使其受我军挟制。 在作战中要攻就攻其要害，或焚毁其粮草，或切断其退路，或掐断其援兵，从而牵制敌方军队，为我方军队制造有利的进攻态势，将难攻之敌转变为易攻之敌。

【活学活用】

当不利于进攻时，就要主动退却，速度要快，使敌人难以追上，克里克巧妙地运用了这一退却之策，那份谢绝书对事不对人，既能使自己不被打扰，又能让对方理解这么做的苦衷，可谓"退身有术"。

藏我而形人

【原文】

故形人而我无形①，则我专而敌分②。 我专为一，敌分为十，是以十攻其一也③，则我众而敌寡。 能以众击寡者，则吾之所与战者，约矣④。 吾所与战之地不可知⑤，不可知则敌所备者多；敌所备者多，则吾所与战者寡也⑥。 故备前则后寡，备后则前寡；备左则右寡，备右则左寡；无所不备，则无所不寡⑦。 寡者，备人者也⑧；众者，使人备己者也⑨。

【精义】

使敌人暴露，而我方不露虚实，就能够使自己兵力集中而使敌人兵力分散。我方兵力集中于一处，而敌人兵力分散于十处，这样，我

---

① 故形人而我无形：形人，使敌人现形。 形，此处作动词，显露的意思。我无形，即我无形迹（隐蔽真形）。

② 我专而敌分：我专一（集中）而敌分散。

③ 是以十攻其一也：指我军在局部上对敌拥有以十击一的绝对优势。

④ 吾之所与战者，约矣：能以众击寡，则我欲击之敌必定弱小有限，难以作为。 约，少、寡。

⑤ 吾所与战之地不可知：我准备与敌作战之战场地点，敌人无从知晓。

⑥ 不可知则敌所备者多；敌所备者多，则吾所与战者寡矣：此句意为我与敌欲战之地敌既无从知晓，就不得不多方防备，这样，敌之兵力势必分散；敌之兵力既已分散，则与我局部交战之敌就弱小且容易战胜了。

⑦ 无所不备，则无所不寡：如果处处设防，必然是处处兵力寡弱，陷入被动。

⑧ 寡者，备人者也：兵力之所以相对薄弱，在于分兵备战。

⑨ 众者，使人备己者也：兵力之所以占有相对优势，是因为迫使对方分兵备战。

方就能以十倍的优势兵力打击敌人，造成局部我众而敌寡的有利态势；能够以众击寡，那么能与我正面对抗的敌军就很少了。我军所要进攻的地方敌人不得而知，敌人不得而知，就必须处处设防；敌人设防的地方越多，兵力就越分散，这样我军所要攻击的敌人就不多了。所以，加强前面的防备，后面就会空虚；加强后面的防备，前面就会空虚；加强左翼的防备，右翼就会空虚；加强右翼的防备，左翼就会空虚；处处防备，就会使处处兵力薄弱。兵力之所以不足，是因为处处分兵防备；兵力之所以充足，是因为迫使敌人处处设防。

【读解】

"形人而我无形，则我专而敌分"，这是"兵者，诡道也"的具体应用，是孙子提出的又一战术。 目的是使敌人暴露行迹，进而了解敌方的动机。 但我方却要做到"无形"，向敌人暴露的也只是假象，而我方的真实意图则要隐藏得很深，不能被敌人看穿。孙子认为，达到以上两点，便可做到"我专而敌分"，以十倍于敌军的优势兵力攻打敌方，逐一歼破。

【活学活用】

"形人而我无形"，即让对手疲于应付、分散资源，可以获得"兵不顿而利可全"的效果，这也是"致人"而不"致于人"的外部现实。 在现代竞争的经营活动中，有时候环境会不利于自己，遇到这种情况，企业要懂得制造假象，迷惑对手。 "迷惑"的目的是在竞争开始前或进行中通过对对手的迷惑、示假、伪装使其麻痹，丧失警惕性从而产生误判并做出对己方有利的部署和行动，以致掩盖己方真实意图，牵制对手，为对其实施突然、致命打击创造先决条件，以相对较小的代价最大限度地实现己方的目的。

知战之地

【原文】

故知战之地，知战之日，则可千里而会战①；不知战地，不知战日，则左不能救右，右不能救左，前不能救后，后不能救前，而况远者数千里，近者数里乎？

【精义】

所以，能预知同敌人交战的地点，能预知同敌人交战的时间，那么，即使跋涉千里也可以同敌人会战。如果既不能预知交战的地点，又不能预知交战的日期，就会导致左翼不能救援右翼，右翼不能救援左翼，前方不能救援后方，后方不能救援前方的局面，而何况远的有数十里，近的也有好几里的呢？

【读解】

作战时，指挥官要根据战争形势灵活把握战机，施用"我专而敌分"的战术，将敌方整体分割开来，我方就可主动确定作战时间和地点，即使是奔赴千里之外，也能与敌交战。敌人若被动受制，就会分兵设防，而且无法确定具体的作战时间和地点，即使是前、后、左、右各部之间，也难以相互救援，各部就变成了孤立分散的弱旅。这样，虽然敌方整体上兵力很多，但被分割为各个小

---

① 故知战之地，知战之日是，则可千里而会战：若事先就掌握了战场的地形条件与交战时间，则可以奔赴千里与敌人交战。孟氏注曰："先知战地之形，又审必战之日，则可千里期会，先往以待之。"

块，与其中一部交锋时其他各部无法参与战斗，我方就赢得了优势。

【活学活用】

孙子将敌变我变、灵活应变，看作是制胜的奥妙所在，也是在战场上获得自由和主动的关键所在。作战是敌对双方在一定实力基础上的智力对抗，谁更灵活，谁就主动，以变制变是发挥主观能动性的集中表现。

在现代战争条件下，由于科学技术的高度发展，战局变化更加急剧，在瞬息万变的情况下更需要下级在上级总的意图下，快速反应，善于应变，积极地果断行事，方能夺取战争的胜利。

胜可为也

【原文】

以吾度①之，越人②之兵虽多，亦奚益于胜败哉③？ 故曰：胜可为也④。 敌虽众，可使无斗⑤。

【精义】

依我推测，越国的兵力虽然众多，但对于胜利又有何益处呢？所以说，胜利是可以争取的。敌人兵力虽多，但可使他们失去战斗力。

【读解】

以我分析，越国的兵员虽多，对于战争的胜负又有什么用处呢？所以说，胜利是可以争取得到的。 敌人兵力虽多，我们却可以设法使它无法与我军作战。

【活学活用】

在强敌"围剿"时，先实行战略退却，诱敌深入，造成反攻的条件，尔后转入战略反攻，作战形式以运动战为主，战斗上实行速决战，集中优势兵力，各个击破。

———————————————

① 度：推测，揣度。

② 越人：越国。

③ 奚益于胜败哉：越国之兵虽多，我若使之不能相互救应，不能同时投入战斗，那么，他的"兵多"于最后胜利又有多少补益？ 胜败，偏义复词，胜。

④ 胜可为也：客观条件不成熟（敌未出现"可胜"之隙）时，不可强求胜利，若充分发挥主动性，致人而不致于人，造成敌之虚（"可胜"之隙），胜利是可以取得的。

⑤ 敌虽众，可使无斗：敌人虽然众多，然我可剥夺其主动权，使它无法与我争胜。 无斗：无法战斗，这里指无法发挥其正常力量战斗。

策之、作之、形之、角之

【原文】

故策之而知得失之计①，作之而知动静之理②，形之而知死生之地③，角之而知有余不足之处④。

【精义】

所以经过精心策划，就可以明了敌我双方战略战术的优劣得失；试探敌人，就可以了解敌人的活动规律；以假象迷惑敌人，就可以弄清其所处地形的利弊；与敌人作试探性交锋，就可以知道敌人兵力部署的虚实强弱。

【读解】

孙子告诉我们，可通过分析算计、挑动引逗、示形诱敌、小股试探来获知敌方的强弱虚实等情况，分析敌人的薄弱环节，掌握其行动规律，据此制定出克敌的作战计划。

【活学活用】

孙子认为，隐蔽企图是取得战争主动权的关键一环。 对于

---

① 策之而知得失之计：此句意为，我当仔细筹算，以了解判断对敌作战计划之优劣。 策，策度，筹算。 此指根据情况分析判断。
② 作之而知动静之理：此言我挑动敌人以了解敌人的活动规律。 作，兴起，这里指挑动。
③ 形之而知死生之地：此句是说以佯动示形，了解敌方的强弱之势。 形，这里作动词，伪形示敌的意思。
④ 角之而知有余不足之处：与敌军进行试探性接触，以观虚实。 角，较量，这里指进行试探性的进攻。 有余不足，指敌人兵力的强弱。

自己来说，一切决策和行动都要严守机密，做到"运兵计谋，为不可测"。同时，还要以积极的佯动迷惑敌人，或隐真示假，能而示之不能，用而示之不用，远而示之近，近而示之远；或真假并用，使敌人"不知其所守"，"不知其所攻"。这样，我方的行动"无形"，敌人两眼黑，我方就能取得主动，使敌人陷于被动。

形于无穷

【原文】

故形兵之极，至于无形①；无形，则深间②不能窥，智者③不能谋。因形而错胜于众，众不能知；人皆知我所以胜之形，而莫知吾所以制胜之形④。故其战胜不复⑤，而应形于无穷⑥。

【精义】

所以，示形于敌的手段无穷无尽，其最高境界能丝毫不露形迹，那么即使是深藏的间谍，也无法探明我方的虚实，老谋深算的高明之士，也无法谋划出妥当的对策。通过示形于敌，灵活机动地夺取胜利，即便当胜利摆在众人前面时，众人还不明白其中的奥妙；人们都知道我战胜敌人的情状，却不知道我克敌制胜的道理。所以，每次取胜的策略和战术都不是简单的重复，而是根据具体的敌情采取适当的战略战术，其间的变化是无穷无尽的。

---

① 形兵之极，至于无形：以假象迷惑敌人的用兵方法运用到极致程度，变化多端，可达到使人无形可窥的程度。形兵：以假象迷惑敌人的用兵方法。

② 深间：深藏在内部的间谍。

③ 智者：智慧的人，这里指机智善谋的将领。

④ 人皆知我所以胜之形，而莫知吾所以制胜之形：人们都知道我取胜的外在表现之状，而没有谁知道我争取这些胜利所采取的内部方略情况。前"形"指取胜状况，后"形"指导致胜利的内在情实、因由，即方略。错：同"措"，即置。此言由于示形取得的胜利置于众人面前，众人不知其因。

⑤ 战胜不复：用以战胜的谋略方法不重复出现。

⑥ 应形于无穷：由于"形兵之极"，方法无穷，变化多端，根据不同情况可采取不同的应对方法，故能随敌变化而示形于无穷。应，动词；形，名词。

095

【读解】

战争是一门艺术，既是诡秘的，又是善变的。一份好的作战计划，这次使战争取胜，但不一定适用于下一次战争。因为战事是千变万化的，这次战争与下次战争的形势是不同的。因此，孙子提出了"战胜不复"的思想，主张对待不同的战争采用不同的策略，要做到因形制胜，根据不同的战时、不同的战地、不同的敌人，采取不同的策略。在不同的作战环境中，制定适合本次战争的计划，灵活机动地指挥作战。

【活学活用】

为人处世的方法多种多样，归纳起来不外乎两种：一种是张扬外露型的，一种是深藏不露型的。张扬外露的人一般生性耿直，心直口快，有啥说啥，眼里装不进一粒沙子。这种人自然不失为热心肠，花花肠子少，不记仇，不整人，但缺少婉转回旋，尤其是在机智上稍逊一筹。深藏不露的人显得深沉许多，心里装得住事，喜怒不形于色，比较圆通，能屈能伸。这种人通常不动声色，让人防不胜防。为达目的"忍辱负重，卧薪尝胆"，装糊涂，让人觉得你无能，让人忽略你的存在，在必要时不动声色，先发制人，让人失败了还不知是怎么回事，这是兵家的计谋，也是处世的方略。但是，要让人"看不破"，说起来容易，要付诸实践却并非易事，因此，如何收好自己的"尾巴"就显得尤为重要。所谓"处事不惊，必凌于事情之上；达观权变，当安守于糊涂之中"。一时让人看不破需要藏巧于拙，让人永远看不破，就应该时刻检点自己的行为。

兵之形

夫兵形像水①。 水之形，避高而趋下②；兵之形，避实而击虚③。 水因地而制流，兵因敌而制胜④。 故兵无常势，水无常形⑤。 能因敌变化⑥而取胜者，谓之神⑦。

【精义】

用兵作战的规律犹如流水，水流动的规律是避开高处而流向低处，用兵的规律是避开敌人坚实之处而攻击敌人薄弱的环节。水根据地势的高低而流向不同的方向，军队则要根据具体的敌情而决定适当的取胜策略。所以，用兵作战没有固定不变的模式，就像水流没有固定的形态一样；能够依据敌情的变化而灵活机动地夺取胜利的，就可叫作用兵如神。

【读解】

孙子在这里，以水做形象的比喻，指出能按照形势的变化而采

---

① 兵形像水：用兵打仗的规律如流水的规律。 形，形制、形式、运动规律。

② 水之形，避高而趋下：流水的规律，是避开高处趋向低处。

③ 兵之形，避实而击虚：用兵的规律，是避开实处，攻击虚处。

④ 水因地而制流，兵因敌而制胜：流水根据地形情况决定流向，用兵根据敌情而采取制胜方略。 敌虚则攻，敌实则避，因敌之隙而取胜。

⑤ 兵无常势，水无常形：战争无固定不变的态势，流水无固定不变的流向。 强调其运动、变化。

⑥ 因敌变化：根据敌情的发展变化而采取灵活的应变措施。 变化，动词，采取变化措施。

⑦ 神：高明。

取灵活应变措施的人，才能称得上用兵如神。 "兵无常势，水无常形"，水会因地势的高低来决定其流向，用兵也应像流水一样，以实际作战的时间、地形、环境、敌我双方的军事实力情况等为根据，做出准确的判断，拿出切实的计划。 但这种变化又不是没有依据随意变化的，自然界的水流总是自高而下，这是亘古不变的规律，同样，用兵也有章可循，那就是"因敌而制胜"，即避实而就虚。 攻打对方就要避开其防备森严的部分，攻击其防卫薄弱的环节。

【活学活用】

"兵形像水"是孙子所概括的用兵规律。 孙子提出了主动用兵、示形诱敌等战法，要求用兵作战要应变出奇、避实击虚以取胜。

在牵扯到具体变换战术时，要以取得最后的胜利为目的。 打得赢就打，打不赢就走，灵活运兵，不怕暂时失败，一时损失。一个主将，不以毁灭敌人兵力为战争目的，实施巧妙的机动，是错误的。 灵活作战本身不是目的，只是达到胜利目的的手段。 消灭敌人的武装力量，取得胜利才是战争的目的。 因事、因人、因时、因地，采取灵活机动的战术，正是"兵形像水"的主旨所在。

五行无常胜

【原文】

故五行①无常胜②，四时无常位③，日有短长④，月有死生⑤。

【精义】

因此，五行相克没有定数，四季更替没有定位，日有短长，月有盈亏，它们永远处于发展变化之中。用兵的规律正是如此。

【读解】

本节中孙子以"五行""四时""日月"，来暗喻灵活、机智、变幻莫测的用兵之道。 五行是指水、木、金、火、土五种物质。 在古代，它们是相生相克的，而且永远都在发展变化，四季、昼夜、日月，也是如此。 孙子是要以此说明在战场上，无论

---

① 五行：古人认为，世界万物由金、木、水、火、土五种基本元素构成，称为五行。 并认为五行"相生相胜"，即相互产生又相互战胜。 所谓"相生"是木生火，火生土，土生金，金生水，水生木；所谓"相胜"，亦称"相克"，为金克木，木克土，土克水，水克火，火克金。 "五行"观点是古人解释世界的重要哲学观点。

② 无常胜：无常克，如金克木，而金又被火所克，没有哪一个处于常克地位。

③ 四时无常位：四季是不断推移代谢的，没有哪一季永在"位"而不更替。

④ 日有短长：白天时间有短有长。

⑤ 月有死生：泛言月有朔望圆亏的变化。 阴历以月亮（太阴）的运行纪年月。 月亮从初生到消失为一个月。 月亮运行到太阳与地球之间时，月亮以暗面对着地球，人们便看不见，此日称朔，月相为新月，谓月始新生。 运行到太阳、地球的延长线方位时，月亮已由蛾眉至满圆，满月称望。 然后又逐步缩小以至于消失。 消失的前一天为晦，晦为月末，只有一线昏暗残月。 然后又循环新生。

多么强大的对手，多么高明的智谋，都会有自己的弱点，所以，高明的将帅总能找到克敌制胜的方法。

【活学活用】

孙子强调用兵要善于以变制变。 变，包括主动的变和随敌应变。 这里着重论述随敌应变，既不可墨守成规，也不能局限于以往成功的经验。 在制定作战方案时，要根据敌情的变化提出有针对性的作战方法，而不是机械地搬用老一套。 作战方案被采纳后，还要随时注意情况的发展变化，根据变化了的态势，"因利而制权"。

军 争 篇

本经通读

孙子曰：凡用兵之法，将受命于君，合军聚众，交和而舍，莫难于军争。军争之难者，以迂为直，以患为利。故迂其途，而诱之以利，后人发，先人至，此知迂直之计者也。

故军争为利，军争为危。举军而争利，则不及；委军而争利，则辎重捐。是故卷甲而趋，日夜不处，倍道兼行，百里而争利，则擒三将军，劲者先，疲者后，其法十一而至；五十里而争利，则蹶上将军，其法半至；三十里而争利，则三分之二至。是故军无辎重则亡，无粮食则亡，无委积则亡。

故不知诸侯之谋者，不能豫交；不知山林、险阻、沮泽之形者，不能行军；不用乡导者，不能得地利。故兵以诈立，以利动，以分合为变者也。

故其疾如风，其徐如林，侵掠如火，不动如山，难知如阴，动如雷震。掠乡分众，廓地分利，悬权而动。先知迂直之计者胜，此军争之法也。

《军政》曰："言不相闻，故为鼓金；视不相见，故为旌旗。"夫金鼓旌旗者，所以一人之耳目也。人既专一，则勇者不得独进，怯者不得独退，此用众之法也。故夜战多火鼓，昼战多旌旗，所以变人之耳目也。

故三军可夺气，将军可夺心。 是故朝气锐，昼气惰，暮气归。 故善用兵者，避其锐气，击其惰归，此治气者也。 以治待乱，以静待哗，此治心者也。 以近待远，以逸待劳，以饱待饥，此治力者也。 无邀正正之旗，勿击堂堂之陈，此治变者也。

故用兵之法，高陵勿向，背丘勿逆，佯北勿从，锐卒勿攻，饵兵勿食，归师勿遏，围师必阙，穷寇勿追。 此用兵之法也。

本篇旨要

两军争胜时，敌我双方都想占先制胜，但欲达此目的，必须先具有周密的战斗计划和各项治兵御变的法则。 "以迂为直，以患为利"指出，与敌人争夺有利的制胜条件在于如何通过迂回曲折的途径达到近直的最佳目的； "三军夺气，将军夺心"指出，军队可以挫伤其士气，将领可以动摇他的决心，到了最后，就会气竭思归； "避其锐气，击其惰归"指出，善于用兵的人，总是避开敌人的锐气，趁敌人士气衰竭时才发起猛攻。

迂直之计

【原文】

孙子曰：凡用兵之法，将受命于君，合军聚众①，交和而舍②，莫难于军争③。军争之难者，以迂为直，以患为利④。故迂其途，而诱之以利⑤，后人发，先人至⑥，此知⑦迂直之计⑧者也。

【精义】

孙子说：用兵的一般法则是，将帅接受国君的命令以后，从征集民众编组军队，到两军对垒，这中间没有比争夺先机之利更困难的事情了。争先机之利时最困难的，是怎样将迂远变为近直，将不利变为有利。所以，以利引诱敌人，使敌人走迂回曲折的路线，就可以在敌人之后出发而在敌人之前到达。能够做到这一点的，就真正懂得变迂远为近直的谋略。

---

① 合军聚众：此句意为征集民众，组织军队。合，聚集、集结。

② 交和而舍：两军营垒对峙而处。交，接触；和，和门，即军门。两军军门相交，即两军对峙。舍，驻扎。

③ 莫难于军争：没有比争夺先机更困难的事了。于，比。军争，两军争夺取胜的有利条件。

④ 以迂为直，以患为利：意为将迂回的道路变成直达的道路，把不利的（害处）变为有利的。迂，曲折迂回。直，近便的直路。

⑤ 故迂其途，而诱之以利：前句就我军而言，此句就敌而言。战争时既要使自己"以迂为直，以患为利"，也要善于使敌以直为迂，以利为患。而达到这一目的，在于以利引诱敌人，使其行迂趋患，陷入困境。"其""之"均指敌人。迂，此处用作使动。

⑥ 后人发，先人至：比敌人后出动，却先抵达要争夺的要地。

⑦ 知：这里是掌握的意思。

⑧ 计：方法、手段。

【读解】

孙子在这里指出，用兵之难难在"军争"，用兵者要善于"以迂为直"。"迂"，即指在敌人的行军路线上做文章，给敌人以小利，使之疑惑停滞，从而达到转移敌人注意力的目的，使其摸不清我军意欲何为，这样就能做到在敌人后面出发，却在敌人前面到达目的地，从而在战争中取得主动。

【活学活用】

迂直之计在时间的运用上，是讲究持久速胜的。在时机、条件成熟的情况下，讲究兵贵神速，速战速决；在条件不具备、时机不成熟时，要从长计议，在持久中保存实力，在持久中积蓄力量，在持久中等待战机。俗话说"欲速则不达"，如果不顾及条件与时间而单纯地一味求快，常常就会招致不必要的损失，延缓壮大、取胜的过程。

军 争

【原文】

故军争为利，军争为危①。举军而争利，则不及②；委军而争利，则辎重捐③。是故卷甲而趋④，日夜不处⑤，倍道兼行⑥，百里而争利，则擒三将军⑦，劲者先，疲者后，其法十一而至⑧；五十里而争利，则蹶上将军⑨，其法半至⑩；三十里而争利，则三分之二至⑪。是故军无辎重则亡⑫，无粮食则亡，无委积则亡⑬。

---

① 军争为利，军争为危：此句意为军争既有有利的一面，也有不利的一面。为，这里作"是""有"解。

② 举军而争利，则不及：率领全部携带装备辎重的军队前去争利则不能按时到达。举，全、皆。不及，不能按时到达预定地点。

③ 委军而争利，则辎重捐：全军丢弃辎重与敌争利，则装备辎重将会受到损失。委，丢弃、舍弃。辎重，包括军用器械、营具、粮秣、服装等，捐，弃、损失。

④ 卷甲而趋：卷甲束杖急速进军。卷，收、藏的意思。甲，铠甲。趋，快速前进。

⑤ 日夜不处：夜以继日，不得休息。处，犹言止、息。

⑥ 倍道兼行：倍道，行程加倍；兼行，日夜不停。

⑦ 擒三将军：擒，俘虏、擒获。三将军，三军的将帅。此句意为若奔赴百里，一意争利，则三将的将领会成为敌之俘虏。

⑧ 劲者先，疲者后，其法十一而至：意谓士卒身强力壮者先到，疲弱者滞后掉队，这种做法只有十分之一兵力能到位。

⑨ 五十里而争利，则蹶上将军：奔赴五十里而争利，则前军将领会受挫折。蹶，失败，折损。上将军，指前军、先头部队的将帅。

⑩ 其法半至：通常的结果是部队只能有半数到位。

⑪ 三十里而争利，则三分之二至：奔赴三十里以争利，则士卒也仅能有三分之二到位。

⑫ 军无辎重则亡：军队没有随行的兵器、器械则不能生存。

⑬ 无委积则亡：军队没有物资储备作补充，亦不能生存。委积，指物资储备。

【精义】

争取先机之利是有利的，同时也有危险的一面。如果全军带着所有的辎重去争利，就无法及时赶到预定地点；如果抛弃了一切急急忙忙去争利，就会丧失大量的辎重设备。因此，收甲束仗而急进，日夜兼程，跋涉上百里路程去与敌人争利，就可能使三军主帅被敌人擒获。因为身体强壮的精锐士兵先赶到了，而身体衰弱疲倦的士兵都落在了后面，结果能够如期到达的士兵不过十分之一。奔波五十里的路程去与敌人争利，就可能会损折前军将帅，因为能够如期到达的士兵不过二分之一。奔波三十里去与敌人争利，虽然路程比较近，但是如果太急，也只能有三分之二的兵力能如期到达。因此，军队没有辎重就会败亡，没有粮食就会败亡，没有物资储备就会败亡。

【读解】

孙子在这里揭示了"军争"所带来的利与害。"军争为利""军争为危"二者之间是辩证统一的关系。利与害本来就是相依相存的，有利必有害。在战争中，对我方有利的，对于敌方则必然有害；对我方有害的，则对于敌方有利。所以这就要求我们在战争中，既要看到此种作战对我方有利的方面，又要看到它潜在的危害，反之亦然。我们要积极转化战争的利与害，施用灵活的战术，将我方的"利"发挥到极致，同时要减少它带来的危害。从敌方来说，要设法破坏敌方的有利因素，使其转化为不利因素，并将其扩大蔓延，对敌造成最大的危害。由此，将有利条件转向于我方，增大我方获胜的可能性。

【活学活用】

战场上两军对垒，谁都想争夺先机之利，但孙子却辩证地看到了军争的利与害。军队要快速运动，可怎么处理装备物资呢？如携带全部辎重则因行动迟缓，不能先敌占领有利地形；而舍弃全部物资去争利，又造成部队不能坚持作战，甚或无法生存。所以，孙子告诫兵家"军争为利，军争为危"。

兵以诈立

【原文】

故不知诸侯之谋①者，不能豫交②；不知山林、险阻③、沮泽④之形者，不能行军；不用乡导⑤者，不能得地利。故兵以诈立⑥，以利动⑦，以分合为变⑧者也。

【精义】

所以，不明了各诸侯国的战略意图，就不可与其结交；不熟悉有关地区山岭、险阻、沼泽等地形情况的，就不能匆忙行军；不使用熟悉当地地形的人做向导的，就不能得到地利。因此，用兵打仗以诡诈为根本，根据是否有利来决定自己的行动，部队的分散或集中要随具体情况不断变化。

【读解】

这段话主要强调了"以利动"的作战指导原则，即要根据能否获取特定的利益来制定所要采取的行动方针。两军交战，是以使

---

① 谋：谋略，战略意图。
② 豫交：结交诸侯的意思。豫，通"与"。
③ 险阻：指山水险要阻隔的地方。
④ 沮泽：指水草杂生的沼泽地带。
⑤ 乡导：熟悉该地区情况的带路人。乡通"向"，即向导。
⑥ 以诈立：使计谋诱骗敌人而取得成功。诈，使诈，诱骗。立，成功。
⑦ 以利动：根据是否有利于获胜而灵活采取行动。
⑧ 以分合为变：此指把分散与集中兵力作为变化手段。分，分散。合，集中。

对方屈服或消灭对方为最终目的的。因此，交战双方都想寻求、创造打败对方的机会。一方一旦稍有不慎，让对方感到有机可乘，另一方便会乘虚而入，进攻对方。如果在没有发现有利可趋的情况下就贸然进兵，则属于盲目作战，必然会损失惨重。

"以利动"虽然理解起来很容易，但在实际应用当中却很难把握。在复杂而激烈的战事中，往往很难鉴别和把握其"利"。善于用兵打仗的将帅要具有敏锐的观察力、超前的预见力、综合的分析力、敏捷的应变力，要从多方面分析、思考、推测，才能做到避实就虚、趋利避害，把握先机。

【活学活用】

"诈"是最高层次的军事理智之一。"兵以诈立"，古今皆然。兵史证明，军争不是简单地靠兵力数量，其中技巧往往是军争决胜的条件。孙子所提倡的"兵以诈立"，作为军争技法的战略指导，决定了军争中军队的行动模式、行动原则、行动的传导系统。

"兵以诈立，奇诡多变"是古今中外战争史上经常出现的谋略。德国人要冒充荷兰警察进攻大桥，却走漏了消息，荷兰就以为德国人会放弃这个计划，而希特勒一反常态，依然依计行事，竟获成功。把欺诈手段运用得如此精妙，以至于把普通的炸药包宣传成先进武器，致使比利时人心胆皆碎，望风而降。

先知迂直之计者胜

【原文】

故其疾如风①，其徐如林②，侵掠如火③，不动如山，难知如阴④，动如雷震。掠乡分众⑤，廓地分利⑥，悬权而动⑦。先知迂直之计者胜⑧，此军争之法也。

【精义】

军队快速行动时要像疾风骤起，缓慢行动时要像林木森然不乱；发动进攻时要像迅猛的烈火，按兵不动时要像巍然屹立的泰山；隐蔽行踪时就像浓云遮蔽日月星辰，采取行动时要像威猛异常的万钧雷霆一样。分兵掠夺敌方的乡邑，开拓疆土，要经过周密的调查研究，认真地权衡利害得失以后再采取行动。懂得迂远与近直辩证关系的人，就会取得胜利，这就是军队争夺先机之利的方法。

【读解】

这里孙子连用了六个比喻来说明强大的军队应该具备的素质。这些素质表面上是军队要呈现给外人的，而实际上这段话是强调军

① 其疾如风：指军队行动迅速，如同疾风掠过一样。
② 其徐如林：指军队行列整肃，像整齐的林木一样排列有序。
③ 侵掠如火：要像熊熊烈火一般猛烈地向敌军发起进攻。侵掠，指进攻。
④ 难知如阴：难以窥知实情，有如阴云蔽日。
⑤ 掠乡分众：此句意为分兵数路，掳掠敌国的乡野城邑。
⑥ 廓地分利：开拓领域，并依据利害关系而据以防守。廓，开拓。
⑦ 悬权而动：全句意为先权衡利害得失，而后决定采取相应行动。
⑧ 先知迂直之计者胜：事先懂得利用"以迂为直"战术的将领才会胜利。

队中从将帅到步卒都应具备灵活、迅速的特征。 因为在面对强敌时，变幻莫测的战术以及神速的战略移动，都是提高军队作战取胜概率的因素。

【活学活用】

两军交战，只有知敌我之情势，才能调动军队，争取胜利。因此，为避免腹背受敌，就要先知道诸侯们的动向；为避免遭到埋伏，就要熟悉地形；为得地利，就要任用向导。 要以是否对自己有利来决定行止，要把敌人的近直之路化为迂远曲折，使其利变成不利。 而把我方的迂远曲折化为近直，使我之不利变为有利。 在战争中要注意隐蔽自己的企图，避开敌人的阻碍，在敌人觉察不到或防守薄弱的地方绕道而走，达到自己的军事企图，以取得胜利。

用众之法

【原文】

《军政》①曰："言不相闻，故为鼓金②；视不相见，故为旌旗③。"夫金鼓旌旗者，所以一人之耳目也④。人既专一⑤，则勇者不得独进，怯者不得独退，此用众之法也⑥。故夜战多火鼓，昼战多旌旗，所以变人之耳目也⑦。

【精义】

《军政》中说："用语言指挥军队，远处的人听不到，所以设置了锣和鼓，用锣鼓之声来命令进退或原地停止；用手势动作来指挥军队，远处的人看不到，所以设置了各种颜色和图案的旗帜，用以命令军队立偃开合。"锣鼓和旗帜，都是用来统一士兵的视听、统一军队作战行动的；军队的行动如果一致了，那么勇敢的士兵就不得单独冒进，怯懦的士兵也不得单独后退，这就是指挥人数众多的军队的方法。所以，在夜间作战时要多使用火光和锣鼓之声作为

---

① 《军政》：古兵书，已失传。

② 鼓金：古代用来指挥军队进退的号令设施，擂鼓进兵，鸣金收兵。

③ 旌旗：泛指旗帜。

④ 所以一人之耳目也：意谓金鼓、旌旗之类，是用来统一部卒的视听，统一军队行动的。人，指士卒、军队。一，统一。

⑤ 人既专一：士卒一致听从指挥。专一，同一、一致。

⑥ 此用众之法也：用众，动用、驱使众人，也即指挥人数众多的军队。法，法则、方法。

⑦ 夜战多金鼓，昼战多旌旗，所以变人之耳目也：此句意为根据白天和黑夜的不同情况来变换指挥信号，以适应士卒的视听需要。变，适应。

号令，白天则要多使用各种旌旗来下达命令，这是为了适应士兵们耳目视听的需要。

【读解】

古时作战，常用金鼓和旌旗作为将帅意志或行为的延伸。 将帅用击鼓的强弱快慢来引导士兵的进与退，用统一的旌旗来指导士兵的进攻方向、作战位置等。 它们可以说是将帅指令的传达器。这种统一的传达，既取决于将帅敏锐的判断力，也取决于将帅的理解力和反应力。 只有将帅二者协调统一起来，将帅的意志才能融合到士兵的行动中去，才能完成有效的指挥。 士兵要对军令军规熟知于心，要精通各种变化的军阵，只有这样才能配合将帅的指挥，取得战争的胜利。

【活学活用】

大型的战争用兵多，占地亦广，切忌缺乏统一指挥，陷于混乱。 而耳听金鼓，目视旌旗，则可号令众人，而不纷乱。 只有整齐统一，统一行动，上下一致，令行禁止，军队才能发挥其战斗力。 而加强组织纪律性，也是各项工作能够顺利进行和取得成绩的保证。

将军可夺心

故三军可夺气①，将军可夺心②。是故朝气锐，昼气惰，暮气归③。故善用兵者，避其锐气④，击其惰归，此治气⑤者也。以治待乱，以静待哗，此治心⑥者也。以近待远，以逸待劳，以饱待饥，此治力⑦者也。无邀正正⑧之旗，勿击堂堂⑨之陈，此治变⑩者也。

【精义】

所以说，对于敌人的军队，可以挫伤其锐气；对于敌人的将帅，可以动摇他们的决心。在作战时，军队士气变化的一般规律是：起初士气高昂，锐不可当，接着逐渐懈怠消沉，最终则消散竭尽了。所以善于用兵打仗的人，总是要避开敌人初来的锐气，而等

---

① 夺气：挫伤对方士气。

② 夺心：动摇将领决心。动摇将领的决心，使之优惧狐疑，是军事家常用的办法。

③ 朝、昼、暮：本义即早晨、白天、傍晚，这里用来喻用战之初，用战经久，用战之末，非指一天之早晚。

④ 避其锐气，击其惰归：避开敌人的锐气，攻击敌人的惰气、归气。敌气盛则避之，待衰懈则击之。此已成为孙子名言。

⑤ 治气：治以气，以气治之。也就是说从士气上治（制伏、战胜）敌人。

⑥ 治心：从心理上制伏、战胜敌人。

⑦ 治力：从体力上制伏、战胜敌人。

⑧ 正正：严整貌。

⑨ 堂堂：盛大貌。陈，古通"阵"。

⑩ 治变：以权变应对敌人。

到敌人士气低落、衰竭之时才发动进攻，这就是掌握军队士气变化的一般法则。以自己的严整对付敌人的混乱，以自己的沉着冷静对付敌人的轻躁，这就是掌握敌军心理变化的一般法则。以近待远，以逸待劳，以饱待饥，这就是掌握军队战斗力的一般法则。不要拦击旗帜整齐、部署周密的敌军，不要进攻阵容庞大、实力雄厚的敌阵，这就是掌握灵活的应变策略的一般法则。

【读解】

一支战斗力很强的军队，首先从士气上就能表现出来。士气是军队精神和意志的集中体现。整个军队军心一致，锐气逼人，那么必定会在战争中有超强的表现，甚至会创造奇迹。因此，孙子很重视士气在作战中所起的作用。在本段中，孙子着重指出，当敌军士气高昂、精力旺盛的时候，就要避开其锋芒，不与之交战。同时，他还强调，我们要设法扰乱其军心，挫伤其锐气，动摇其将帅的决心。此外，在远途作战时还要注意，以逸待劳、以饱待饥，这样我军就能在体力上占有优势。

【活学活用】

"夺气攻心"，就是说对于敌人的军队，要想尽办法挫其士气；对于敌人的将领，要扰乱他的正常思维。由此我们不难看出，"夺气攻心"是克敌制胜的关键，是取胜之本。其中"气"与精神、意志、力量相关，"心"则泛指人的思想、品德、毅力、决心、情感等等。军气与将心，是战争中最重要的人的因素。

穷寇勿追

【原文】

故用兵之法，高陵勿向①，背丘勿逆②，佯北勿从③，锐卒勿攻④，饵兵勿食⑤，归师勿遏⑥，围师必阙⑦，穷寇勿追⑧。此用兵之法也。

【精义】

所以，用兵打仗的方法是：敌军占领了险要的山地，我军不可仰攻；敌军背靠高地，我军不可从正面迎击；敌人佯装败退，我军不可紧追；对敌军的精锐，我军不可贸然前去攻打；敌军所放出来的诱饵，我军不可贪功上钩；敌军正在撤退，上下归心似箭，我军不可强行阻击；围攻敌军，必须要网开一面，为敌人留下一线生机，以免敌人破釜沉舟；对于陷入绝境的敌军，我军不可穷追不

---

① 高陵勿向：对已经占领了高地的敌人，我军不要去进攻。高陵，高山地带。向，仰攻。

② 背丘勿逆：敌人如果背倚丘陵险阻，我军就不要去正面进攻。背，依托之意。逆，迎击。

③ 佯北勿从：敌人如是伪装败退，我军就不要去追击。佯，假装。北，败北、败逃。从，跟随。

④ 锐卒勿攻：敌人的精锐部队，我军不要去攻击。锐卒，士气旺盛的敌军。

⑤ 饵兵勿食：此谓敌人若以小利做饵引诱我军，则不要去理睬它。

⑥ 归师勿遏：对于正在向本国退还的敌师，不要去正面阻击它。遏，阻击。

⑦ 围师必阙：在包围敌军作战时，当留有缺口，避免使敌作困兽之斗。阙，同"缺"。

⑧ 穷寇勿追：指对陷入绝境之敌，不要加以逼迫，以免其拼死挣扎。

舍。以上这些，都是用兵的法则。

【读解】

在本篇末尾，孙子提出了八大用兵原则，即"高陵勿向，背丘勿逆，佯北勿从，锐卒勿攻，饵兵勿食，归师勿遏，围师必阙，穷寇勿追"。 孙子向我们揭示的是：用兵作战要认清形势，辨别对方的真实意图，不要贪图小利，以免带来不必要的损失。 另外，在攻击敌人时，还要做到合理安排，必要时得网开一面。 这都需要根据不同的情形采取不同的行动。

【活学活用】

在充满竞争的社会中，我们为了能够战胜对手，获取利益，要充分利用自己固有的优势，集中力量把对手击溃。 但是在对手没有丝毫还手之力的时候，我们也应该给对方留一条生存之路。 这种在他人不利的情况下，不落井下石的友善行为，也许在将来会得到丰厚的回报。

现在的企业越来越多，同行的竞争也就越来越激烈。 在这样的环境下，唯有击败对手才能取得胜利。 但"击败"并不等于"击垮"，给竞争对手留有生存的空间，适可而止，才能成为最终的赢家。

九 变 篇

本经通读

孙子曰：凡用兵之法，将受命于君，合军聚众，圮地无舍，衢地交合，绝地无留，围地则谋，死地则战。涂有所不由，军有所不击，城有所不攻，地有所不争，君命有所不受。

故将通于九变之利者，知用兵矣；将不通于九变之利者，虽知地形，不能得地之利矣。治兵不知九变之术，虽知五利，不能得人之用矣。

是故智者之虑，必杂于利害。杂于利而务可信也；杂于害而患可解也。是故屈诸侯者以害，役诸侯者以业，趋诸侯者以利。

故用兵之法，无恃其不来，恃吾有以待也；无恃其不攻，恃吾有所不可攻也。

故将有五危：必死，可杀也；必生，可虏也；忿速，可侮也；廉洁，可辱也；爱民，可烦也。凡此五者，将之过也，用兵之灾也。覆军杀将，必以五危，不可不察也。

本篇旨要

战场上是千变万化的，胜败除了要看双方兵力的大小、还要看指挥员应变的能力。孙子用"九变"来形容这种变化，可见变化之多。 没有变化而墨守成规，那自然要被灵活多变的对手打败。

"九变"并非只指九种变化，而是多样性无穷的变化，因为九是数之极，亦即千变万化。 孙子很注重空间，行军作战，要讲地形的优势。 我们现今择地而居，择业而为，亦无不与空间息息相关。 空间不"对"，不适合，必然难以舒展。

将帅受命于君王，然而君王毕竟无法真正地把握战场的瞬间变化，君王的命令总有与战前制定的战略目标、战术设计有不同之处，君王指令也无法赶上战场上的"变化"速度。 因此，根据实际情况"君命有所不受"，是将帅进行灵活指挥的一大原则。 机械地执行君王指令而不考虑战场形势，只能出现良机丧失，军队失败的结果。

很显然，如果能把握《孙子兵法》中"九变"的精髓，也就能知晓基本治军的原则了。

君命有所不受

【原文】

孙子曰：凡用兵之法，将受命于君，合军聚众，泛地无舍①，衢地②交合，绝地无留③，围地④则谋，死地⑤则战。涂有所不由⑥，军有所不击⑦，城有所不攻，地有所不争，君命有所不受。

【精义】

孙子说：一般用兵的法则是，将帅接受了国君的命令，征集兵员，编组军队出征以后，在危险难行的"泛"地不可宿营，在多国交界的"衢"地应当结交邻国为外援，遇到凶险的"绝"地千万不可停留，遇到不利于我方的"围"地要巧出奇谋，陷入"死"地要拼死奋战。对我军不利的道路不可行军，不宜攻打的敌军不可攻打，不宜攻占的城池不可攻占，不宜争夺的地方不可争夺，不宜执行的君主命令不可执行。

【读解】

作战时会出现很多变数，这些变数往往非人力所能预测，因此

---

① 泛地无舍：在山林、险阻和水草杂生的地方不要扎营驻军。
② 衢地：多国交界，四通八达的枢纽要地。
③ 绝地无留：道路不通又无粮食水草的地方，此地须亟去毋留。
④ 围地：四面险阻，出入通道狭窄的地区。
⑤ 死地：前不能进，后不能退，非死战求胜便不能生存的境地。
⑥ 由：经由，通过。
⑦ 军有所不击：有的敌军本可马上吃掉它，但从长远观点看，暂留它可资利用，于我造势任势有用，则暂时不攻击。

在面对各种情形时，应灵活地思考问题，排疑解难，要做到"因地""因情""因势"而论。在本节中孙子指出了在各种情况下应采取的不同对策，并指出，在战争中要以全局、整体利益为重，要明确地分析"不由""不击""不攻""不争""不受"的各种情况，慎重而灵活地做出恰当的决定，这样才能实现目的，减少损失。

【活学活用】

战场上是千变万化的，胜败除了要看双方兵力的大小，还要看指挥员应变的能力。孙子用"九变"来形容这种变化，可见变化之多。没有变化而墨守成规，那自然要被灵活多变的对手打败。这其中所说的要有所"不为""君命有所不受"都是很重要的军事原则。从古至今许多有作为的军事家，正是靠多变来取胜的。对于号称"沙莫之狐"的隆美尔而言，与其说是他自作主张，不如说是他根据实际情况，随机应变的高超指挥技术。"将在外，君命有所不受"，希特勒在几千公里之外，对普兰尼加的战况一定没有隆美尔身临其境所了解得透彻。因而希特勒的命令是不合时宜的，于是隆美尔灵活处理，变化战术，才一次又一次地把英国人轻易击溃，其变化无常，诡计多端不愧为"沙漠之狐"。

打仗如此，商虞也一样。商场如战场嘛！从一定意义上说，商场的情况之复杂，变化速度之快，机遇之短暂，并不于兵刃交锋的战场。一个企业家如果不敢给下级以必要的临机处置权，将会在商战中丧失许多机会，这样的企业是没有多少发展前景的。相反，如果企业家心怀大志，高瞻远瞩，敢于赋予企业各部门主管人员，特别是负责对外营销的主管人员以相当的自立决断权，他的企业便必定能屡屡抓住机遇、出奇制胜。

九变之利

故将通于九变之利者，知用兵矣；将不通于九变之利者，虽知地形，不能得地之利矣。 治兵不知九变之术①，虽知五利②，不能得人之用矣③。

【精义】

所以，将帅能够通晓机变之利，就是懂得用兵了；将帅如不能通晓机变之利，即使了解地形，也不能得到地利。统兵作战如果不懂得机变的方法，即使深通"五利"，也不能充分地发挥军队的战斗力。

【读解】

孙子强调的"九变"并不能孤立地理解为九种变化的战术，而是泛指任何因势而变、机动灵活的行动举措。 他指出"因势而变"是战争的根本指导原则，墨守成规只能导致失败。 因此在交战之前，要对作战地形、敌我态势等情况进行认真的调查和分析，之后再采取相应的处理方式。 将帅只有了解了机变的方法，才能在战斗中充分发挥士卒们的战斗力，否则，即使懂得"五利"也有失败的危险。

---

① 九变之术：九变的具体手段和方法。
② 五利：指"涂有所不由"至"君命有所不受"等五事之利。
③ 不能得人之用矣：指不能够充分发挥军队的战斗力。

【活学活用】

应变能力是一种根据不断变化的主客观条件，随时调整行为的难能可贵的能力，也是确保领导者获得圆满成功的一个先决条件。

具有应变能力的领导者，不例行公事，不因循守旧，不墨守成规，能够从表面"平静"中及时发现新情况、新问题，从中探索新路子，总结新经验。对改革中遇到的新事物、新工作，能够倾听各方面的意见，认真分析，勇于开拓，大胆提出新设想、新方案；对已取得的成绩，不满足、不陶醉，能够在取得成绩的时候，不得意忘形，能透过成绩找差距、发现隐患，百尺竿头，更进一步，这就要面对现实找对策。

智者之虑

【原文】

是故智者之虑，必杂①于利害。 杂于利而务②可信③也；杂于害而患④可解也。 是故屈诸侯者以害⑤，役诸侯者以业⑥，趋诸侯者以利⑦。

【精义】

因此，明智的将帅考虑问题，总是要充分兼顾利害两个方面。在不利的情况下看到有利的方面，所务之事就可以顺利地完成；在有利的情况下考虑到不利的方面，祸患就可以得到解除。所以，要用敌国所厌恶的事情胁迫它而使它屈服，要用强大的实力役使敌国，要用诱人的利益调动敌国。

【读解】

孙子在本节中指出，高明的将帅在考虑问题时一定会兼顾利与

---

① 杂：掺杂。

② 务：战斗任务。

③ 信：伸行，发展。

④ 患：祸患。

⑤ 屈诸侯者以害：要利用敌国的致命之处使其屈服。 屈，屈服、屈从，这里引申为制服。 诸侯，指敌方，敌国。 害，致命之要害。

⑥ 役诸侯者以业：以各种事情烦劳敌国，使之穷于应付，不得安宁。 役，驱使。 业，事情。

⑦ 趋诸侯者以利：用小的利益引诱调动敌人，使其疲于奔命而无暇顾及其他。 趋，奔走。

害两个方面。 战争中的利与害是对立统一的关系，它们既相互制约，又相互依存，在一定条件下还会相互转化。 如果将帅在作战中只考虑到害，则会畏首畏尾，坐失良机；如果只考虑到利，则会麻痹大意，中敌之计。

【活学活用】

孙子这里讲的通晓利害，从研究战争的思想方法看，是孙子从军事领域的矛盾范畴研究战争的思想。 孙子研究战争是以矛盾为立线而展开的，涉及战争的各个环节、各个侧面矛盾的对立现象。这也是孙子朴素辩证法思想的体现。 孙子认为，研究战争必须把握这些矛盾范畴，从矛盾双方研究问题，不能只知一方面不知另一方面。 对于双方争夺制胜的条件、防御部署中矛盾现象的出现，只有兼顾矛盾的两个方面，才能权衡利弊，做出正确处置。 在《孙子兵法》中，实际上讲到矛盾的对立、矛盾的主导方面决定着事物的性质等问题，虽然没有今天的哲学语言，但其研究问题的方法是遵循这个思想原则的。

用兵之法

【原文】

故用兵之法，无恃其不来，恃吾有以待也①；无恃其不攻，恃吾有所不可攻也②。

【精义】

所以，用兵的方法是，不能寄希望于敌人不会来，而要依靠自己所做的充分准备，严阵以待；不能寄希望于敌人不来进攻，而要依靠我们拥有使敌人无法进攻的力量。

【读解】

战争是智和勇的搏击，一次小小的疏忽失误就有可能导致兵败身亡，甚至国破家亡的恶果，因此，孙子谆谆地告诫军队的统帅：千万不要把希望寄托在敌人的"不来""不攻"上面，而要把胜利奠定在己方的充分准备，使敌人无懈可击、无机可乘的基础上。

【活学活用】

防患于未然，未雨绸缪，在商战中也有广泛的运用。商家想要在某一行业中获得绝对优势，就必须直面瞬息万变的商情与

---

① 无恃其不来，恃吾有以待也：不要寄希望于敌人不来，而要依靠自己做好的充分的准备。恃，倚仗，依赖，寄希望。

② 无恃其不攻，恃吾有所不可攻也：不要寄希望于敌人不进攻，而要依靠自己具备强大实力，使得敌人不敢来进攻。

众多的对手，掌握行业的发展态势，占得先机，从而立于不败之地。

俗话说"人心隔肚皮"，又说"害人之心不可有，防人之心不可无"，可见"防患未然，有备无患"实在是一句至理名言。有备才能无患，做任何事情之前都要有所准备。凡是事前做准备的，就不会陷入窘境。而麻痹大意、仓促行事就会出现种种差错，或者被人有机可乘。不要等到面临困难才运用理智，而要运用理智来预测尚未降临的困难。

将有五危

【原文】

故将有五危：必死，可杀也①；必生，可虏也②；忿速，可侮也③；廉洁，可辱也④；爱民，可烦也⑤。凡此五者，将之过也，用兵之灾也。覆军杀将⑥，必以五危⑦，不可不察⑧也。

【精义】

将帅有五种致命的弱点：有勇无谋，只知死拼，就可能被敌人诱杀；临阵怯战，贪生怕死，就可能被敌人俘虏；性情急躁，刚忿偏激，就容易中了敌人欺侮之计；清廉刚正，洁身自好，就容易入了敌人羞辱的圈套；过分仁慈爱民，一味姑息纵容，就容易被人烦扰而陷于被动。这五项都是将帅容易犯的过失，也是用兵打仗的灾难。军队覆灭，将帅被杀，必定都是因为这五种致命弱点导致的，绝不可以不慎重对待。

---

① 必死，可杀也：坚持死拼，则有被杀的危险。必，坚持、固执之意。

② 必生，可虏也：指将帅若一味贪生，则不免沦为战俘。

③ 忿速，可侮也：将帅如果急躁易怒，遇敌轻进，就有中敌人轻侮之计的危险。忿，愤怒、愤懑；速，快捷、迅速，这里指急躁、偏激。

④ 廉洁，可辱也：将帅如果过于洁身清廉，自矜名节，就有受辱的危险。

⑤ 爱民，可烦也：将帅如果溺于爱民，不审度利害，不知从全局把握问题，就易为敌所扰，有被动烦劳的危险。

⑥ 覆军杀将：使军队覆灭，将帅被杀。覆，覆灭、倾覆。覆、杀均为使动用法。

⑦ 必以五危："覆军杀将"都是由这五种危险引起的，不可不充分注意。必，一定、肯定；以，由、因的意思。五危，指上述"必死""必生"等五事。

⑧ 察：调查、研究，这里指要足够重视。

【读解】

将帅在军队中起着极其重要的作用，孙子在开篇就曾提到："将者，国之辅也。辅周，则国必强；辅隙，则国必弱。"这里，孙子又指出了将帅身上可能具有的五种缺陷：有勇无谋、畏敌、浮躁易怒、矜于名节、过于仁慈。这些缺陷一旦被敌人所利用，就会成为我方致命的弱点，给军队带来灾难，也必将导致战争的彻底失败。

【活学活用】

综观"将有五危"的具体内容，可以说都是由于将帅的性格能力的缺点所造成的：骁勇善战但绝不是鲁莽蛮干；善于保存自身实力但绝不是贪生怕死；性格刚毅但绝不是暴躁易怒；爱惜名声但绝不会自矜名节；爱民如子但绝不是妇人之仁。这样的将领才是智勇双全、具有远见卓识的仁者。优秀的将帅必然具备上面五种人格素质，这与《始计篇》中所提到的将帅五德——智、信、仁、勇、严也是相契合的。

"将有五危"的这五个方面有一个共同点，就是要求将帅能够"处变不惊"，冷静理智地分析问题，即使身处绝境，也能从容应对，否则就会"覆军杀将"，所以一定要高度警惕。

行 军 篇

本经通读

孙子曰：凡处军、相敌：绝山依谷，视生处高，战隆无登，此处山之军也。 绝水必远水；客绝水而来，勿迎之于水内，令半济而击之，利；欲战者，无附于水而迎客；视生处高，无迎水流，此处水上之军也。 绝斥泽，惟亟去无留；若交军于斥泽之中，必依水草而背众树，此处斥泽之军也。 平陆处易，而右背高，前死后生。 此处平陆之军也。 凡此四军之利，黄帝之所以胜四帝也。

凡军好高而恶下，贵阳而贱阴，养生而处实，军无百疾，是谓必胜。 丘陵堤防，必处其阳而右背之。 此兵之利，地之助也。上雨，水沫至，欲涉者，待其定也。 凡地有绝涧、天井、天牢、天罗、天陷、天隙，必亟去之，勿近也；吾远之，敌近之；吾迎之，敌背之。 军行有险阻、潢井葭苇、山林翳荟者，必谨复索之，此伏奸之所处也。

敌近而静者，恃其险也；远而挑战者，欲人之进也；其所居易者，利也；众树动者，来也；众草多障者，疑也；鸟起者，伏也；兽骇者，覆也；尘高而锐者，车来也；卑而广者，徒来也；散而条达者，樵采也；少而往来者，营军也；辞卑而益备者，进也；辞强而进驱者，退也；轻车先出居其侧者，陈也；无约而请和者，谋也；奔走而陈兵车者，期也；半进半退者，诱也。 杖而立者，饥

130

也；汲而先饮者，渴也；见利而不进者，劳也。 鸟集者，虚也；夜呼者，恐也；军扰者，将不重也；旌旗动者，乱也；吏怒者，倦也；粟马肉食，军无悬瓿，不返其舍者，穷寇也。 谆谆翕翕，徐与人言者，失众也；数赏者，窘也；数罚者，困也；先暴而后畏其众者，不精之至也；来委谢者，欲休息也。 兵怒而相迎，久而不合，又不相去，必谨察之。

兵非益多也，惟无武进，足以并力、料敌、取人而已。 夫惟无虑而易敌者，必擒于人。

卒未亲附而罚之，则不服；不服，则难用也；卒已亲附而罚不行，则不可用也。 故令之以文，齐之以武，是谓必取。 令素行以教其民，则民服；令不素行以教其民，则民不服。 令素行者，与众相得也。

本篇旨要

行，用也，使也。 "行军"指在执行战斗任务中处置、使用军队，非指现代汉语之军队行进。 本篇论述了将领在执行战争任务中如何处置军队的问题，分处军、相敌、附众三个方面进行论述。 第一部分翔实论述了在各种不同地形条件下的处军原则；第二部分一气列举了三十二种情况来阐述如何判断敌情；最后谈了附众问题，提出了"令之以文，齐之以武"的治军原则。

四军之利

【原文】

孙子曰：凡处军①、相敌②：绝山③依④谷，视生处高⑤，战隆无登⑥，此处山之军也。绝水必远水⑦；客⑧绝水而来，勿迎之于水内，令半济而击之⑨，利；欲战者，无附于水而迎客⑩；视生处高，无迎水流⑪，此处水上之军也。绝斥泽，惟亟去无留⑫；若交军于斥泽之中，必依水草而背众树⑬，此处斥泽之军也。平陆处易⑭，

---

① 处军：领兵作战中处置军队进驻之策。军：指我方。

② 相敌：观察判断敌情。相，察、视。

③ 绝山：为穿越通过之意。绝，渡、穿越。

④ 依：依傍，靠近。

⑤ 视生处高：选择向阳之高地驻扎。

⑥ 战隆无登：敌人在高处，不宜仰攻。隆，高地。登，攀登，这里指仰攻。

⑦ 绝水必远水：横渡江河后一定要在远离水流的地方驻扎。绝水，横渡江河。远水，远离江河。

⑧ 客：指进攻自己的敌人。

⑨ 半济而击之：让敌人渡河渡到一半时发起攻击，此时敌人首尾不接，队伍混乱，攻击起来比较容易取胜。半济，渡水到了半途。

⑩ 无附于水而迎客：不要在靠近水的地方结阵迎敌。无，勿、毋。附，靠近。

⑪ 无迎水流：不要把军队驻扎在江河的下游。迎，逆。

⑫ 绝斥泽，惟亟去无留：通过盐碱沼泽地带，要迅速离开，不得滞留。斥，盐碱地带。泽，沼泽。亟，迅速。留，滞留、逗留。

⑬ 必依水草而背众树：指军队扎营时必须靠近水草，背倚树林。背，背靠、依靠。

⑭ 平陆处易：到了开阔地，应选择平坦之处安营扎寨。平陆，开阔的平原地带。易，平坦。

而右背高⑮，前死后生⑯。 此处平陆之军也。 凡此四军之利⑰，黄帝⑱之所以胜四帝⑲也。

【精义】

孙子说：在各种地形上部置军队，观察和判断敌情，都应当注意以下几个方面：在经由山地时要靠近有水草的山谷，安营扎寨时要居于高地面南朝阳，当敌人先占据高地时我方不可强行仰攻，这些是在山地行军宿营的原则。横渡江河以后一定要迅速远离岸边以免背水作战；如果敌军渡水而来，不可在岸边迎击，而要趁敌军部分已渡、部分未渡之时发动攻击，这样才有利；如果要与敌军交战，不要靠近水边列阵迎敌；在江河地带扎营，也要居高朝阳，切不可逆着水流的方向在敌军下游地区驻扎或列阵。这些是在江河地带行军作战的原则。经过盐碱沼泽地带，应当迅速离开，不可停留；如果在这种地带与敌人遭遇，就必须依傍水草而背靠树林。这些是在盐碱沼泽地带行军作战的原则。在平原地区应当占领平坦开阔地域，主力部队要背靠高地，前低后高，这是在平原地区行军作战的原则。在以上这四种地形下部署军队的原则，正是黄帝之所以能战胜四方部族的原因。

【读解】

本段强调的是在行军途中"处军相敌"所要依据的原则。 孙

---

⑮ 右背高：军队驻扎时应注意右面和背后地势要高。 右背，右面、后面。高，指地势。

⑯ 前死后生：地势应前低后高，也就是背靠高山而面向平地。 死，这里是低的意思。 生，这里是高的意思。

⑰ 四军之利：指上面四种处置军队的有利方法（处山、处水、处斥泽、处平陆）。

⑱ 黄帝：指轩辕，相传为部落联盟首领。

⑲ 四帝：指上古时期四方氏族的部落首领。

子概括了四种常见的处置军队的原则，在各种不同地形的驻兵，所要依据的原则是不变的，即争取作战先机，依托有利地形，克服地形障碍与限制，争取有利的作战条件。

【活学活用】

在不同地形条件下行进和停留驻扎，要注意"处军""相敌"。所谓"处军"，是指在军队行动时遇到各种地形的处置；所谓"相敌"，是指观察与分析判断敌情。因此，判断敌情必须先从地形研究出发，山地、河川、沼泽、平原等地理条件不同，相应的作战方案也会有所不同。正所谓择地而处，相机而行。二者同属于对客观环境条件的选择利用，尽可能趋利避害。如果能够充分发挥地形的优势，在战斗发生时无疑会极大地增加己方战斗力。

地之助

【原文】

凡军好高而恶下①，贵阳而贱阴②，养生而处实③，军无百疾，是谓必胜。丘陵堤防，必处其阳而右背之④。此兵之利，地之助也⑤。上雨，水沫至⑥，欲涉者，待其定⑦也。凡地有绝涧、天井、天牢、天罗、天陷、天隙⑧，必亟去之，勿近也；吾远之，敌近之；吾迎⑨之，敌背⑩之。军行有险阻、潢井⑪葭苇⑫、山林翳

---

① 凡军好高而恶下：大凡驻军喜好高处厌恶低处。

② 贵阳而贱阴：以向阳的地方为贵，贱视潮湿的处所。古以日照为准，山南水北为阳，山北水南为阴。贵、贱：皆用如动词，意动用法，即以……为贵（为贱）。

③ 养生而处实：养于生而处于实。生，生地；实，实地。均指有利的高阳干爽之地。养，养育，指养育部队战斗力。此句与上下句联系起来是：由于"好高而恶下，贵阳而贱阴"，则部队"养于生处，处于实处"，故"军无百疾，是谓必胜"。

④ 必处其阳而右背之：在丘陵堤防地带，必须占据它向阳的一面，且主力侧翼应背靠着它。处，占据。右，指军队的主力侧翼。

⑤ 地之助也：得到地形的辅助。

⑥ 上雨，水沫至：上游下大雨，洪水突至。上，指上游。

⑦ 定：指水流平稳。

⑧ 绝涧、天井、天牢、天罗、天陷、天隙：绝涧，指两岸峭壁、水横其中的地形。天井，指四周高峻如同井中的地形。天牢，指高山环绕、易进难出的地形。天罗，指荆棘丛生、难于通行的地形。天陷，指地势低洼、道路泥泞的地形。天隙，指两山相向、涧道狭窄险恶的地形。

⑨ 迎：正对、面向。

⑩ 背：接近、背靠。

⑪ 潢井：池沼、洼陷积水之地。

⑫ 葭苇：芦苇，泛指水草聚集的地带。

荟⑬者，必谨复索之⑭，此伏奸之所处⑮也。

【精义】

大凡驻军扎营，总是喜欢高平的地方而忌讳低洼的地方，重视向阳之地而避开背阴之地；要靠近水草丰盛之处，以便于保障后勤供应，驻军于地势隆高坚实之处，这样将士们就百病不生，这是军队必得胜利的重要保证。在丘陵、堤防扎营布阵，应选择向阳的一面，并将主要侧翼背靠着它们。根据上述原则处置军队，是有利于用兵作战的；而得到这些好处，是由于根据不同的地理条件采取了相应的措施。上游地区突降暴雨，下游地区洪水骤至，要等到水势平稳以后再渡河。凡是遇到"绝涧""天井""天牢""天罗""天陷""天隙"等地形，必须迅速离开，切不可靠近。我军应当远离这种地形，而让敌人去靠近它们；我军应当面向这种地形，而使敌人背靠它们。如果行军途中有山川险阻、湖泊沼泽、树木丛林、芦苇水草荫天蔽日的地方，必须仔细地反复搜索、检查，因为这些都是容易隐藏伏兵和奸细的地方。

【读解】

这一段话讲述的是在行军途中要重视地形、熟悉地形、了解地形的利弊的重要性。孙子提示我们，军队在驻扎时，要选择干燥向阳的高地，有水源的话要靠近水草地区，因为这里物产丰富，供应充足，将士不易生病。占据了这些有利条件，就有了胜利的保

---

⑬ 翳荟：草木繁茂。

⑭ 必谨复索之：意为必须仔细而谨慎地搜索查看。复，反复。索，查看，搜索。

⑮ 伏奸之所处：这往往是敌军埋伏、奸细隐藏的地方。

证。 在行进过程中，如遇到险峻的道路、低洼的湖沼、芦苇丛生或草木茂盛的地方，必须对四周反复谨慎地查探，因为这些地方容易埋设伏兵或隐藏奸细。

【活学活用】

地形的有利与否，直接关系到军队的胜与败、士兵的生与死，因此在战争中，地形的选择不得不慎之又慎。 孙子所说的"地利"，也即缘于此。

显而易见，刘备忽视了地形的利害，只顾"暑气难当"，入密林宿营，却犯了兵家大忌，被陆逊用火攻，士兵死伤惨重，最终落得一败涂地的结局。

谨　察

【原文】

　　敌近而静者，恃其险也①；远而挑战者，欲人之进也②；其所居易者，利也③；众树动者，来也④；众草多障者，疑⑤也；鸟起者，伏⑥也；兽骇者，覆⑦也；尘高而锐者，车来也；卑而广者，徒来也⑧；散而条达⑨者，樵采也；少而往来者，营军⑩也；辞卑而益备者，进也；辞强而进驱者，退也；轻车先出居其侧者，陈也⑪；无约而请和者，谋也⑫；奔走而陈兵车者，期⑬也；半进半退者，诱也⑭。　杖而立⑮者，饥也；汲而先饮者，渴也；见利而不进

---

　　① 敌近而静者，恃其险也：敌人离我方很近却很安静，是依恃着某种险要的条件。

　　② 远而挑战者，欲人之进也：敌人远离我，却出来挑战，那是希望我前往。 此句承上句省"敌"。 人，此指我方。

　　③ 其所居易者，利也：敌人舍险而选平易之地驻军，一定有其便利条件。

　　④ 众树动者，来也：前方林木摇动，那是敌人来了。

　　⑤ 疑：使我疑惑。

　　⑥ 伏：伏兵。

　　⑦ 覆：大军暗中掩袭。

　　⑧ 卑而广者，徒来也：扬起的尘埃低而面积广的，那是敌人步卒开来了。

　　⑨ 散而条达：零散而呈条缕状。

　　⑩ 营军：察看地形，准备立营的敌军。

　　⑪ 轻车先出居其侧者，陈也：战车先出其营之侧面，是列阵欲战。 陈，阵，这里作动词，布阵、列阵。

　　⑫ 无约而请和者，谋也：未至屈困之境而请和，必有奸谋。 约，困顿、困屈，同《虚实篇》"吾之所与战者约矣"之"约"。

　　⑬ 期：限定时间地点紧急布阵之意。

　　⑭ 半进半退者，诱也：似进不进，似退不退；进一进，退一退，这是诱使我追击它。

　　⑮ 杖而立：倚仗兵器而站立。 杖，兵杖兵器，此作动词，倚兵杖，倚兵器。

者，劳也。 鸟集者，虚也⑯；夜呼者，恐也⑰；军扰者，将不重也⑱，旌旗动者，乱也，吏怒者，倦也⑲；粟马肉食，军无悬瓴⑳，不返其舍者，穷寇也。 谆谆㉑翕翕，徐与人言者，失众也；数赏者，窘也；数罚者，困也；先暴而后畏其众者㉒，不精之至也；来委谢㉓者，欲休息也；兵怒而相迎，久而不合，又不相去，必谨察之。

【精义】

敌军距我们很近仍能保持镇静的，是依仗它占据着险要的地形；敌军离我们很远，而屡次前来挑战的，是企图引诱我方进击；敌军不占据险要地形而驻守平坦开阔之地，是因为它拥有了地利；许多树木摇动，是敌人偷偷前来袭击；草丛之中设有众多的障碍物，是敌人故布疑阵；群鸟惊飞，其下有埋伏；野兽骇奔，是敌人大军突袭。尘土高扬而锐直的，是敌人战车队开来；灰尘扬起得低而宽广的，是敌军步兵来攻；飞尘散乱而成条缕状的，是敌人在砍伐柴薪；飞尘少而时起时落的，是敌军察看地形，准备扎营；敌军措辞谦卑而同时却加紧战备的，是准备发动进攻；敌军措辞强硬而且又摆出进攻姿态的，是准备撤退；敌军轻便的战车先出居于两侧翼的，是准备排兵布阵；敌人无缘无故地请求讲和的，其中必有阴

---

⑯ 鸟集者，虚也：群鸟集中其上，则其下营垒已空。

⑰ 夜呼者，恐也：敌军士夜晚有声相呼，是恐惧怯懦。

⑱ 军扰者，将不重也：敌军多惊扰，是将领无威容，不持重。

⑲ 吏怒者，倦也：军吏愤怒，是士众倦烦了。

⑳ 粟马肉食，军无悬瓴：以粮食喂马，杀牲口吃，此皆处于穷途，不作长远打算之举。 悬瓴，古时汲水用的尖底瓦器，不用时以绳悬之，故曰悬瓴。

㉑ 谆谆：迟钝，有气无力貌。

㉒ 先暴而后畏其众者：先对部下凶暴后畏部众离散。 不精，不精明。

㉓ 委谢：委质来谢，带贵重礼品来言好。

谋；敌人往来奔走并陈列战车人马的，是准备约期决战；敌军半进半退的，是想诱我上钩；敌兵拄着兵器而立的，是饥饿的表现；敌军打水的士兵自己先喝的，是全军缺水的表现；敌人明见有利而不进兵争夺的，是疲惫的表现；敌军营寨上空有鸟雀集结的，说明营寨已经空虚无人；敌军士兵夜间狂乱呼叫的，说明其内心恐惧；敌军纷乱无秩序的，说明其将帅没有威权；敌军旗帜动摇不定的，说明其部队混乱；敌军官吏易怒烦躁的，是全军将士困倦的表现；敌军宰杀马匹吃肉的，是因为军中无粮；敌军挂起炊饮用具，不返回营寨的，是准备拼命突围的穷寇；敌军将帅低声下声地与部下讲话的，表明他们已经失去了军心；敌军将帅频繁行赏的，表明其已无计可施；敌军将帅再三重罚部属的，也表明其已陷入困境；敌军将帅先对部下凶暴而后来又畏惧士兵的，表明他最不高明，威信丧尽；敌人派使者携重礼来谢罪的，表明他们想停战休整。敌军逞怒同我对阵，却迟迟不肯交战，又不撤兵离去，在这种情况下必须谨慎地全面观察，以便弄清其企图。

【读解】

孙子在这里阐述的是将帅要善于通过细节审察敌人的真实意图。他告诉我们可以通过多种表现来判断敌军的动态及其内部情况。其实可观察的表象何止这些，精明的将帅透过敌方的一点小举动就能窥测出敌人下一步将要采取什么行动。因此这些表象是无法罗列穷尽的，只要细心观察，就会获知敌情。

【活学活用】

孙子的"相敌三十二法"，原则上可分为两类。一是依据自然景象的特征和变化来观察、判断敌情。如：群鸟突然飞起，是下面有伏兵（鸟起者，伏也）；走兽到处乱跑，是敌人大举来袭（兽骇者，覆也）。二是依据敌人的行动来观察、判断敌情。如：敌军离我很远而又来挑战的，是企图诱我前进（远而挑战者，欲人之进也）；敌军急速奔走并摆开兵车列阵的，是期求与我决战（奔走而陈兵者，期也）。

　　孙子所处的时代距今已有两千多年，他能透过一些微不足道的现象，通过逻辑推理，察微知著，看到事物的本质，实在是高明至极！

兵非益多

【原文】

兵非益多也，惟无武进①，足以并力、料敌、取人而已②。 夫惟无虑而易敌者③，必擒于人④。

【精义】

兵力并不是越多越好，只要不恃勇冒进，而是集中兵力，判明敌情，赢得军心，就足够了。那些不深谋远虑而又轻敌妄动的将帅，一定会被敌军擒获。

【读解】

孙子在这里指出，作战不在于兵员数量的多少，而在于主将能否集中使用兵力、准确判断敌情。 要想克敌制胜，必须"慎战、并力、料敌、取人"。 战争中最忌讳的是主将没有谋略而又轻视敌人，这样的人一定会打败仗。 战场上的情况是复杂多变的，对于将领来说，能否把握利害关系，利用时机，直接影响着战争的胜负。

---

① 兵非益多也，惟无武进：兵众并非愈多愈好，只是不能恃勇轻进，因如果恃勇轻进，"多"也无益。 武进，恃勇轻进。

② 足以并力、料敌、取人而已：足够做到集中兵力，判明敌情，战胜敌人就可以了。

③ 无虑而易敌者：没有谋略而又轻视敌人的人。 易，以……易与。 易敌，即认为敌人容易对付，意即轻敌。

④ 擒于人：被敌人擒获。

【活学活用】

"兵非益多"是孙子注重质量建军的思想。他认为军队的强弱是由政治素质、将帅才能、武器装备、训练水平、组织编制、军法军纪等多种因素决定的，而不单取决于军队的数量。作战中，实现"以众击寡"，主要是靠分合之变、灵活指挥，在关键的时间和地点形成兵力的优势，而在总体上并不一定具备绝对优势兵力。

孙子的这种兵"非益多而益精"的建军思想，对今天的企业经营及其管理都有着极大的启迪和帮助。在生产经营中，不能靠产品多而取胜（"兵非益多"），而应当靠产品的精（"兵精"）取胜。

令之以文，齐之以武

卒未亲附而罚之，则不服①；不服，则难用也；卒已亲附而罚不行，则不可用也②。故令之以文，齐之以武③，是谓必取。令素行以教其民，则民服④；令不素行以教其民，则民不服。令素行者⑤，与众相得⑥也。

【精义】

将帅在士卒尚未心悦诚服之时就贸然处罚士卒，军心必定不服；军心不服，就难以使用了。如果士卒对将帅已经心悦诚服，可将帅仍不严行军法军纪，惩罚有罪之人，就无法指挥军队。所以，在政治上要施以宽仁之道进行教化，在组织纪律上要用严格的军纪军法统一军队的行动步调，这样才能取胜。命令一向能够得到认真的贯彻执行，在此情况下训练教育士兵，士兵们就会服从。如果命令一向得不到认真的贯彻执行，在这种情况下训练教育士兵，士兵

---

① 卒未亲附而罚之，则不服：亲附，施恩德使亲近归附。罚，施用刑罚。在将帅还未实施恩德使部下亲近依附于他时，处罚部下，他们必愤恨不服。

② 卒已亲附而罚不行，则不可用也：士卒已经亲近归附将帅，将帅还不执行军法军纪，这样的军队也无法指挥。

③ 令之以文，齐之以武：这句是说，用政治、道义来教育士卒，用军纪、军法来约束管理部众。文，这里指政治、道义。武，这里指军纪、军法。

④ 令素行以教其民，则民服：一贯严行明纪，就能养成士兵服从命令的习惯。令，命令、军令。素，平常、平时。行，实行、执行。

⑤ 令素行者：军纪一向贯彻严明。

⑥ 与众相得：相得，关系和洽。这里指将帅与部下的关系非常融洽。

们就不会服从。命令之所以一贯能够得到认真的贯彻执行，是因为将领与部众团结和睦，关系融洽。

【读解】

这段所要介绍的是治军的一般原则，"令之以文，齐之以武"，也就是要以政治、法令来教育士卒，要以军纪、军法来统一管理。 将帅治军要依照一定的法度，既要体恤部下、爱护士卒，又要严明军纪、赏罚分明，只有这样才能获得士兵的拥戴，使其服从管理，严格执行命令，这样的军队才能够屡战屡胜。

【活学活用】

古人说，"文武之道，一张一弛"，"文"与"武"两者不能分离，也不能偏废，单纯强调说服教育，没有严明的组织纪律作为保障，是无法组成有战斗力的军队的；单纯强调组织纪律，缺少思想疏导和精神激励，也无法组成有战斗力的军队。 只有这两种方法结合使用，相辅相成，才能更加有效地管理治理军队。

孙子提出的这种文武兼顾、刑赏并重的治军原则，对将帅的管理水平提出了很高的要求，"文"和"武"虽然只有两种形式，但是就像孙子在《兵势篇》里提到的"奇正"的组合一样，可以变换出无穷无尽的方式，产生无数的奇思妙想，起到令人意想不到的作用。

地 形 篇

本经通读

孙子曰：地形有通者，有挂者，有支者，有隘者，有险者，有远者。 我可以往，彼可以来，曰通。 通形者，先居高阳，利粮道，以战则利。 可以往，难以返，曰挂。 挂形者，敌无备，出而胜之；敌若有备，出而不胜，难以返，不利。 我出而不利，彼出而不利，曰支。 支形者，敌虽利我，我无出也；引而去之，令敌半出而击之，利。 隘形者，我先居之，必盈之以待敌；若敌先居之，盈而勿从，不盈而从之。 险形者，我先居之，必居高阳以待敌；若敌先居之，引而去之，勿从也。 远形者，势均，难以挑战，战而不利。 凡此六者，地之道也，将之至任，不可不察也。

故兵有走者，有弛者，有陷者，有崩者，有乱者，有北者。 凡此六者，非天之灾，将之过也。 夫势均，以一击十，曰走；卒强吏弱，曰弛；吏强卒弱，曰陷；大吏怒而不服，遇敌怼而自战，将不知其能，曰崩；将弱不严，教道不明，吏卒无常，陈兵纵横，曰乱；将不能料敌，以少合众，以弱击强，兵无选锋，曰北。 凡此六者，败之道也，将之至任，不可不察也。

夫地形者，兵之助也，料敌制胜，计险厄、远近，上将之道也。 知此而用战者必胜，不知此而用战者必败。

故战道必胜，主曰无战，必战可也；战道不胜，主曰必战，无战可也。 故进不求名，退不避罪，唯人是保，而利合于主，国之宝也。

视卒如婴儿，故可与之赴深溪；视卒如爱子，故可与之俱死。厚而不能使，爱而不能令，乱而不能治，譬若骄子，不可用也。

知吾卒之可以击，而不知敌之不可击，胜之半也；知敌之可击，而不知吾卒之不可以击，胜之半也；知敌之可击，知吾卒之可以击，而不知地形之不可以战，胜之半也。故知兵者，动而不迷，举而不穷。

故曰：知彼知己，胜乃不殆；知天知地，胜乃不穷。

本篇旨要

知我军可以打，而不知敌军不可以打，取胜的可能只有一半；知敌军可以打，而不知我军不能打，取胜的可能只有一半；知敌军可以打，也知道我军能够打，而不知地形条件不可以打，取胜的可能也只有一半。

孙子在这里说的"地形"并不是单纯的地理形势，它含有地理学或军事地理学的含义。孙子在反复论述了科学利用地形作战的方法，同时，孙子还论述了地形与战争的关系。他强调了地形在战争中的重要作用，必须加以重视。

地形是战争中经常遇到的客观条件，地形之复杂多变，用兵打仗的将领应该多多地考察。同时又要了解敌人兵士和将领的情况，也可能敌人已设下了计谋；有时很复杂的情况，因为我们有了周密的计划，也是可以打胜的。

所以说，对地形有了详细的了解和把握，打起仗来才能驾轻就熟，把军事策略运用得活灵活现，当然取得战争的胜利也是自然而然的了。

地之道

【原文】

孙子曰：地形有通者①，有挂者②，有支者③，有隘者④，有险者⑤，有远者⑥。我可以往，彼可以来，曰通。通形者，先居高阳⑦，利粮道⑧，以战则利⑨。可以往，难以返，曰挂。挂形者，敌无备，出而胜之；敌若有备，出而不胜，难以返，不利⑩。我出而不利，彼出而不利⑪，曰支。支形者，敌虽利我⑫，我无出也；引而去之⑬，令敌半出而击之⑭，利。隘形者，我先居之，必盈之

---

① 地形有通者：地形，地理形状、山川形势。通，通达，指广阔平坦、四通八达的地区。

② 挂者：悬挂、牵碍。此处指前平后险、易入难出的地区。

③ 支者：支撑、支持。指敌对双方皆可据险对峙，不易发动进攻的地区。

④ 隘者：狭窄、险要之地。这里特指两山之间的狭谷地带。

⑤ 险者：险，险恶、险要，指行动不便的险峻地带。

⑥ 远者：指距离遥远之地。

⑦ 先居高阳：意为抢先占据地势高且向阳之处，以争取主动。

⑧ 利粮道：指保持粮道畅通。利，此处作动词。

⑨ 以战则利：以，为也。此句承上"先居高阳，利粮道"而言，意思是在平原地区，若能先敌抵达，占据高阳地带，并保持粮道畅通，如此进行战斗则大为有利。

⑩ 挂形者……难以返，不利：在"挂"形地带，敌方如无防备，可以主动出击夺取胜利；如果敌人已有戒备，出击不能取胜，军队归返就会很困难，实属不利。

⑪ 彼出而不利：敌人出击也同样不利。

⑫ 敌虽利我：敌虽以利相诱。利，利诱。

⑬ 引而去之：引，带领。去，离开、离去。引而去之即指率领部队伪装退去。

⑭ 令敌半出而击之：句意为在敌人出兵追击前进一半时再回师反击他们。令，使。

148

以待敌⑮；若敌先居之，盈而勿从，不盈而从之⑯。 险形者，我先
居之，必居高阳以待敌⑰；若敌先居之，引而去之，勿从也。 远形
者⑱，势均⑲，难以挑战⑳，战而不利。 凡此六者，地之道也㉑，
将之至任㉒，不可不察也。

【精义】

孙子说：地形有"通""挂""支""隘""险""远"等六种。
我军可以去，敌人也可以来的地形叫作"通"。在这种地形上，应
当先占据开阔向阳的高地，保持粮道畅通，这样作战就比较有利。
可以前进，难以返回的地形叫作"挂"。在这种地形上，如果敌人
没有防备，我军就可以出奇制胜；如果敌人早有防备，我军出击不
能取胜，而且难以返回，这样就很不利了。凡是我军出击不利，敌
人出击也不利的地形叫作"支"。在这种地形上，敌人虽然以利引
诱，我军也切不可出战，而应当主动将部队假装退走，诱使敌人前
来追击，等到敌军已经出动一半时，我军再掉过头来猛攻敌人，这
样做就比较有利。在"隘"这种地形上，我军抢先到达，一定要用

⑮ 必盈之以待敌：一定要动用充足的兵力堵塞隘口，来对付来犯的敌军。
盈，满，充足的意思。

⑯ 盈而勿从，不盈而从之：从，顺随。 此处意谓顺随敌意去进攻。 在
"隘"形之地，敌若先我占据，并已用重兵堵塞，我方就不可顺随敌意去攻打；
如敌方还未用重兵扼守隘口，我军就应全力进攻，去争取险阻之利。

⑰ 险形者，我先居之，必居高阳以待敌：意谓在险阻之地，我军应当抢先
占据地高向阳的要害之处以待敌军，争取主动。

⑱ 远形者：这里特指敌我营垒距离甚远。

⑲ 势均：一说"兵势"相均；一说"地势"相均。 后一说更合本篇之
情理。

⑳ 难以挑战：指因地远势均不宜挑引敌人出战。

㉑ 地之道也：道，原则、规律。 意为上述六者是将帅指挥作战利用地形的
基本原则。

㉒ 将之至任：指将帅所应担负的重大责任。 至，最、极的意思。

重兵封锁隘口，以等待敌军前来；如果敌军抢先占据有利地形，并以重兵把守，那么我军就不可进击；如果敌军没有用重兵据守隘口，那么我军就要迅速地发起攻击。在"险"这种地形上，我军抢先到达，一定要占据地势高而且向阳的地方，严阵以待；如果敌人抢先到达，那么我军就主动撤离，不要进攻敌人。在"远"的地形上扎寨，双方地理条件差不多，不宜主动挑战，强行出战会因为疲劳和过早暴露而导致失利。以上六点，是利用地形作战的一般原则，也是将帅的重大责任，不可不慎重考虑，深入研究。

【读解】

本段中孙子列举了在行军据地中对各种地形的利用原则，他概括了六种，即"通""挂""支""隘""险""远"。他告诫我们要通过分析地形来部署军队，利用地形条件为我军争取作战优势。他还指出，正确把握上述六种用兵原则，是关乎军队胜败的重要责任，将领一定要认真对待。

【活学活用】

孙子把军队作战时的地形分为六类，即通形、挂形、支形、隘形、险形、远形。他还就这六种不同地形的实际情况，提出如何抢占有利地形，或变不利为有利地形，或双方均处于有利地形或不利地形的情况下，将帅应怎样指挥作战。他认为：首先将领应当掌握地形，根据不同的地形采取不同的行动方针，确定基本的作战原则。

败之道

【原文】

故兵有走者，有弛者，有陷者，有崩者，有乱者，有北者。凡此六者，非天之灾①，将之过也②。夫势均，以一击十，曰走③；卒强吏弱，曰弛④；吏强卒弱，曰陷⑤；大吏怒而不服，遇敌怼而自战，将不知其能，曰崩⑥；将弱不严，教道不明，吏卒无常⑦，陈兵纵横，曰乱；将不能料敌，以少合众，以弱击强，兵无选锋⑧，曰北⑨。凡此六者，败之道也，将之至任，不可不察也。

【精义】

军队作战失败的情况有"走""弛""陷""崩""乱""北"

---

① 非天之灾：不是客观自然条件所造成的灾害。天，与"人"相对，指包括"地"在内的一切客观外界。

② 将之过也：是将帅的失误所造成的。

③ 走：逃跑。这里指一触即败，望风而逃之军。

④ 卒强吏弱，曰弛：士卒强悍，将吏懦弱，官不能统众，是废弛的军队。

⑤ 吏强卒弱，曰陷：军吏强悍，士卒懦弱，不堪驱使，这叫失陷之军。

⑥ 大吏怒而不服，遇敌怼而自战，将不知其能，曰崩：此句言军中大吏愤怒而不听主将之令，遇敌便战，主将也不了解他的能力，这叫崩溃之军。大吏，指主将之下的中上层军官。怼，怨恨，与"怒"互文见义。崩，崩溃。

⑦ 吏卒无常：指下级将领和士卒没有可遵循的常规常法。常，常规，一定的法纪。

⑧ 选锋：精选出来的精锐的前锋分队。远在春秋前，军事家就从经验中意识到前锋先头部队的重要性，懂得了前锋若败，全军夺气的规律，故异常重视精选士卒组成精锐的尖刀部队置于阵之前锋，并把这种充当锋刃的部队称为选锋。当然，挑选士卒组成这个部队也叫选锋。大阵、小阵、大队、小队，均有选锋。

⑨ 北：败逃。甲骨文、篆文皆两相背人形，意思是人皆向战，有人转身背向而走，此即败逃、逃跑。

等六种。这六种，都不是由天地的灾害造成的，而是由将帅自身的过失所致。在敌我双方势均力敌的情况下，以一击十，叫作"走"；士卒强悍，将吏懦弱无能，叫作"弛"；将吏强悍，士卒怯弱，缺乏战斗力，叫作"陷"；副将心怀恼怒，不服从指挥，遇到敌人时擅自愤然出战，主将又不了解他们的能力如何，这叫作"崩"；主将懦弱无能，号令不严，教导不明，将吏和士卒不守法度规矩，列兵布阵杂乱无章，这叫作"乱"；主将不能正确地判断敌情，只是盲目地以少击众，以弱击强，军队又没有经过精心选拔的前锋，这就叫作"北"。以上这六种情况，均是导致失败的原因，也是将帅的重大责任所在，不可不认真考虑，深入研究。

【读解】

在阐述了利用地形的基本原则之后，孙子在本段中分析了导致战争失败的主观方面的原因。 他指出战争之败，"非天之灾，将之过也"。 军队的失利有六种情形，即"走""弛""陷""崩""乱""北"，我们可以分别概括为逃遁之军、废弛之军、失陷之军、崩溃之军、杂乱之军、溃败之军。 这六种失败，在很大程度上是由将帅的过错造成的，这同时也是对前文所说的将帅具有五种性格弱点的补充。 他告诫将帅一定要避免这些过失，以防出现上述六种败象。

【活学活用】

战争的胜负，是与将帅的重大责任紧密关联的。 如集将帅智勇、决策英明、身先率卒，法纪严明，士卒利锐，三军同力，上下一心，则军队没有不取胜的。 反之，则必然失败。 孙子列举了"走""弛""陷""崩""乱""北"六种失败的结果，并且指出，这些导致战争失败的原因，并非天灾，而是由于将帅的失宜。将帅要知战而必胜才成，只有"进不求名，退不避罪，唯人是保，而利合于主"，才能根据不同的地形和敌情，从客观实际出发，机智地指挥作战而夺取战争的胜利。

兵之助

【原文】

夫地形者，兵之助①也，料敌制胜，计险厄、远近②，上将③之道④也。知此而用战者必胜，不知此而用战者必败。

【精义】

地形，是用兵的辅助条件。正确判断敌情，掌握主动，研究地形的险易，计算路程的远近，这些都是优秀将帅的职责。懂得这些而后用兵作战的人必定能够取得胜利，不懂得这些却指挥作战的人必定会遭到失败。

【读解】

孙子认为地形是战争中可利用的外部辅助条件，仔细考察地形、地势，并将其用于战争中，可以发挥重大的作用。有些险要的地形甚至能直接决定战争的胜负。懂得这些道理的将领，就是善于用地形来指挥作战的高明之士。

但是，孙子绝对不是"唯条件论者"，更不是"唯地形论者"，没有把地形无限抬高到决定战争胜负唯一因素的荒唐地步。相反，孙子极力主张的是充分利用地形之利弊，努力造成有利于我

---

① 兵之助：行军打仗的辅助条件。
② 计险厄、远近：指考察地形险易，估计路途远近。计，估计。险厄，指地势的险易情况。
③ 上将：指智慧谋略超群的将领。
④ 道：用兵须掌握的基本原则。

军而不利于敌军的局势，从而克敌制胜。"知地之形""用地之利""得地之利"，是孙子反复强调的重要思想。"地形者，兵之助也"，在孙子看来，地形只是用兵打仗的辅助条件，它有助于战争的成败，却绝不能直接决定敌我的胜负。

【活学活用】

因地制宜是决策的指导思想，也是作战的指导原则。孙武在《孙子兵法·地形篇》中讲了九种军事地形，又讲了利用地形的六个方面，从而论述了正确利用地理地形的原则，以便指导将帅们如何根据地形地势，扬长避短，取得战争的胜利。因地制宜用得恰当，就可以以弱击强，以少胜多，在战场取得胜利。

战道必胜

【原文】

故战道必胜①，主曰无战，必战可也②；战道不胜，主曰必战，无战可也③。故进不求名④，退不避罪，唯人是保⑤，而利合于主⑥，国之宝也。

【精义】

所以，根据战争规律分析有必胜的把握，即使国君命令不战的，可以坚决打下去；根据战争规律知道没有胜利的可能，而国君命令打下去的，也可以坚持不打下去。所以，进不谋求赫赫的功名，退不回避违命的罪责，只求保护军民，而使国君得到好处，这样的将帅乃是国家最珍贵的宝贝。

【读解】

孙子在这里强调，将帅要审时度势，分析战争胜利的条件，预测战争的趋势。必胜条件充裕的战争，就要进行到底，哪怕是国君下令不战，主将力主出战也是情有可原的；胜利条件不充裕的战

---

① 战道必胜：按照战争的规律用兵，必然会取胜。战道，指战争一般的指导规律。

② 主曰无战，必战可也：指即使君主不主张出战，将帅也可径自出兵作战，这时不需依从君命。主，君主。无战，不要出战。

③ 无战可也：不要出兵作战。

④ 进不求名：将帅领兵进攻不是为了追求个人的名声。

⑤ 唯人是保：只求保全百姓和士卒。

⑥ 利合于主：有益于君主的根本利益。

争，哪怕是国君坚持要战，而主将力主不战也是不悖朝纲的。 将帅作战不能以自己的私心私利为目的，而应以百姓利益，国家的长远利益为出发点。 所谓"战道"，就是战争发展的必然趋势，它是对战场情况综合权衡的结果。 孙子强调，"战道"是将帅在战场上必须遵循的作战原则。 军队应该坚持从实际出发，具体形势具体分析，这样做为的是不贻误战机。 只有符合"战道"的作战，才能战无不胜，攻无不克。 在此，孙子也提出了优秀将帅的标准，即"进不求名，退不避罪，唯人是保，而利合于主"。 一个国家能拥有这样的将帅，那就是这个国家一笔宝贵的财富。

【活学活用】

用兵之道，人和为本，天时、地利为辅。 但如果将帅既知敌情，又能充分利用地利，知本知辅，则作战必定胜利。 而只要战争能取胜，则对人民、对国君、对国家都是有利的。 只要将帅不是为了追逐个人名利和贪生怕死，战与不战都是为国为民，那么，将帅就可以根据对战争的预测情况，而决定该打，还是不打，并不一定要服从君主的命令。 而能做到这些的将帅，真是难得的人才。

视卒如婴儿

【原文】

视卒如婴儿①，故可与之赴深溪②；视卒如爱子，故可与之俱死。厚而不能使③，爱而不能令④，乱而不能治⑤，譬若骄子⑥，不可用也⑦。

【精义】

将帅像爱护婴儿一样爱护士卒，士卒就可以与将帅共患难；将帅像爱护自己的爱子一样爱护士卒，士卒就可以与将帅同生共死。但是，如果一味溺爱而不能管教，过分厚养而不能使用，这样的军队就如同娇生惯养的孩子，是不能用来冲锋陷阵的。

【读解】

这里所论述的仍是治军的原则问题，强调了将领应该怎样对待士兵。如果将帅体恤下属，爱兵如子，那么士卒就会与他同生共

---

① 视卒如婴儿：对待士卒如对待婴儿一般呵护。视，对待、看待。

② 故可与之赴深溪：就是说这样士兵和将帅就能够共患难。深溪，很深的溪谷，这里喻指危险的地方。

③ 厚而不能使：只知厚待士卒而不能合理利用他们。厚，厚待、优待。使，利用、使用。

④ 爱而不能令：只知溺爱士卒而不懂得教育他们。爱，溺爱。令，本处意指教育。

⑤ 乱而不能治：士卒有捣乱行为而不能严加管束。治，管制。

⑥ 骄子：宠坏的孩子、娇纵的孩子，这里指没有规矩的士兵。

⑦ 不可用也：是不能用来作战的。

死，共赴危难而不惧。 但体恤并不代表溺爱，体恤的目的是使士兵们在险难之时能挺身而出，身临险境而不退缩。 如果爱兵过度，就会使军纪法令不能贯彻执行，培养出不堪使用的"骄兵"，最终对军队不利。

【活学活用】

当今的领导者，仍然可以从"君人者制仁"的谋略中得到启示。 减轻被管理者或下级的负担，多体谅和同情他们，让他们真正体会到领导者的宽厚、仁义。 只有从下级的切身利益考虑，关心他们的疾苦，才能充分调动他们的积极性，这是一个组织能够齐心协力实现计划目标的一个先决条件。

知兵者

【原文】

知吾卒之可以击，而不知敌之不可击，胜之半也①；知敌之可击，而不知吾卒之不可以击，胜之半也；知敌之可击，知吾卒之可以击，而不知地形之不可以战，胜之半也②。故知兵者③，动而不迷④，举而不穷⑤。

【精义】

只知自己的部队可以用以进攻，却不知道所面对的敌人是不可以攻打的，胜利的可能性只有一半；知道敌人可以攻打，而不知道自己的士卒不可以用以进攻，胜利的可能性只有一半；知道敌人可以攻打，也知道自己的士卒可以进攻，却不知道地形不利于作战，胜利的可能性仍然只有一半。所以，懂得用兵的人，举动清醒，战术变化无穷。

【读解】

孙子在本段中指出，决定战争胜负的因素除了敌我双方的军力

---

① 胜之半也：胜利或失败的可能性各占一半。指没有必胜的把握。

② 不知地形之不可以战，胜之半也：如果不知道地形不适宜于作战，得不到地形之助，则能否取胜同样也无把握。

③ 知兵者：通晓用兵打仗之道的人。

④ 迷：迷惑，困惑。

⑤ 举而不穷：句意为行动自如不为所困。举，行动；穷，困窘、困厄的意思。

因素外，客观的环境因素也不可忽视，只了解其中一方面的因素，而没有把三方面因素统一起来，就不会有全胜的把握。

【活学活用】

作战之前，一定要先了解阵地的形势，这样才好因地制宜，制定驻扎、进攻和防御方面的相关措施。 在古代军事史上，很多战争胜败的实例，都与地形的选择或是利用地形部署兵力的情况有关，因此，正确认识和处理"地形"，并且能够借"地之助"去求"兵之利"，是所有战争指挥者的一项基本素质和重要能力。

知彼知己

【原文】

故曰：知彼知己，胜乃不殆①；知天知地，胜乃不穷②。

【精义】

所以说，了解敌人又了解自己，就能百战百胜而不至于失败；懂得天时又懂得地利，就能确保全胜，而万无一失。

【读解】

战争总是在特定的时空内展开的，它要受到气候、地形等多种自然条件的影响，所以历代兵家都很重视天时、地利等因素的利用。将帅不仅要"知彼知己"，还要"知天知地"，只有将气候、地形、时间等自然条件灵活应用，制造出有利条件，方能常胜不败。

【活学活用】

要想能够做到"知天知地"，我们就要培养自己的前瞻眼光和敏锐的洞察力。所谓前瞻眼光和敏锐的洞察力，体现在三个方面：一是在动态中准确地预见事物的发展趋势；二是在静态中及时地预见事物的变化；三是善于发现不显眼的机会，并预见到它蕴涵的价值和意义，从而牢牢地抓住它。

---

① 殆：危险。
② 胜乃不穷：胜利就不可穷尽了，也就是百战百胜。穷，穷尽。

九 地 篇

本经通读

孙子曰：用兵之法，有散地，有轻地，有争地，有交地，有衢地，有重地，有圮地，有围地，有死地。诸侯自战其地，为散地。入人之地而不深者，为轻地。我得则利，彼得亦利者，为争地。我可以往，彼可以来者，为交地。诸侯之地三属，先至而得天下之众者，为衢地。入人之地深，背城邑多者，为重地。行山林、险阻、沮泽，凡难行之道者，为圮地。所由入者隘，所从归者迂，彼寡可以击吾之众者，为围地。疾战则存，不疾战则亡者，为死地。是故散地则无战，轻地则无止，争地则无攻，交地则无绝，衢地则合交，重地则掠，圮地则行，围地则谋，死地则战。

所谓古之善用兵者，能使敌人前后不相及，众寡不相恃，贵贱不相救，上下不相收，卒离而不集，兵合而不齐。合于利而动，不合于利而止。

敢问：敌众整而将来，待之若何？曰：先夺其所爱，则听矣。兵之情主速，乘人之不及，由不虞之道，攻其所不戒也。

凡为客之道：深入则专，主人不克；掠于饶野，三军足食；谨养而勿劳，并气积力；运兵计谋，为不可测。投之无所往，死且不北；死焉不得，士人尽力。兵士甚陷则不惧，无所往则固，深入则拘，不得已则斗。 是故，其兵不修而戒，不求而得，不约而亲，不令而信，禁祥去疑，至死无所之。 吾士无余财，非恶货也；无余命，非恶寿也。 令发之日，士卒坐者涕沾襟，偃卧者涕交颐。 投之无所往者，诸、刿之勇也。

故善用兵者，譬如率然。 率然者，常山之蛇也，击其首则尾至，击其尾则首至，击其中则首尾俱至。 敢问：兵可使如率然乎？ 曰：可。 夫吴人与越人相恶也，当其同舟而济，遇风，其相救也如左右手。 是故方马埋轮，未足恃也；齐勇若一，政之道也；刚柔皆得，地之理也。 故善用兵者，携手若使一人，不得已也。

将军之事，静以幽，正以治。 能愚士卒之耳目，使之无知；易其事，革其谋，使人无识；易其居，迂其途，使人不得虑。 帅与之期，如登高而去其梯；帅与之深入诸侯之地，而发其机，焚舟破釜，若驱群羊，驱而往，驱而来，莫知所之。 聚三军之众，投之于险，此谓将军之事也。 九地之变，屈伸之利，人情之理，不可不察。

凡为客之道：深则专，浅则散。 去国越境而师者，绝地也。四达者，衢地也。 入深者，重地也。 入浅者，轻地也。 背固前隘者，围地也。 无所往者，死地也。 是故散地，吾将一其志；轻地，吾将使之属；争地，吾将趋其后；交地，吾将谨其守；衢地，吾将固其结；重地，吾将继其食；圮地，吾将进其途；围地，吾将塞其阙；死地，吾将示之以不活。 故兵之情：围则御，不得已则斗，过则从。

是故不知诸侯之谋者，不能预交；不知山林、险阻、沮泽之形者，不能行军；不用乡导者，不能得地利。 四五者不知一，非霸王之兵也。 夫霸王之兵，伐大国，则其众不得聚；威加于敌，则其交不得合。是故不争天下之交，不养天下之权，信己之私，威加于敌，故其城可拔，其国可隳。

施无法之赏，悬无政之令，犯三军之众，若使一人。犯之以事，勿告以言；犯之以利，勿告以害。投之亡地然后存，陷之死地然后生。夫众陷于害，然后能为胜败。

故为兵之事，在于顺详敌之意，并敌一向，千里杀将。此谓巧能成事者也。

是故政举之日，夷关折符，无通其使，厉于廊庙之上，以诛其事，敌人开阖，必亟入之，先其所爱，微与之期，践墨随敌，以决战事。是故始如处女，敌人开户；后如脱兔，敌不及拒。

本篇旨要

孙子这里所讲的"地"不仅指自然地理，还包括客观环境条件和气候条件，它对于战争的战略行动的决定作用更大。正如孙子所说的那样"九地之变，屈伸之利，人情之理，不可不察也"。

孙子着重从人的心理因素和情绪因素的角度，去论述如何因利乘便，利用地形发挥人的战斗积极性，以克敌制胜。孙子介绍了在不同战略地理环境下掌握将士心理，激励士气的方法。他强调将帅要关于掌握和运用战略地理环境，实行隐蔽、突然、快速的行动，因情制敌去夺取胜利。

孙子根据总结出的六种作战地点，有针对性地提出了对待的办法，这就是将帅选择的余地。同时孙子又提出了多变的理由，更重要的是对敌方我方官兵的心理也进行了分析，这是一篇我国历史上最早的，也是最优秀的军事心理专著。

依地而变

【原文】

孙子曰：用兵之法，有散地①，有轻地②，有争地③，有交地④，有衢地⑤，有重地，有圮地，有围地，有死地。诸侯自战其地，为散地。入人之地而不深者，为轻地。我得则利，彼得亦利者，为争地。我可以往，彼可以来者，为交地。诸侯之地三属⑥，先至而得天下之众者，为衢地。入人之地深，背城邑⑦多者，为重地⑧。行山林、险阻、沮泽，凡难行之道者，为圮地。所由入者隘⑨，所从归者迂，彼寡可以击吾之众者，为围地。疾战则存，不疾战则亡者，为死地⑩。是故散地则无战，轻地则无止⑪，争地则无攻⑫，交地则无绝⑬，衢地则合交⑭，重地则掠⑮，

---

① 散地：言士卒近家，战不利则心易散，故言散地。
② 轻地：言入敌境未远，亦可轻易返回，故言轻地。
③ 争地：谁先占领谁就有利的必争之地。
④ 交地：交通网络之地。
⑤ 衢地：国境上多国连结，可以四通之地。
⑥ 三属：属(zhǔ)，连接。敌我与他国相邻之地。
⑦ 背城邑：背负城邑，指穿过敌境内城邑，或曰背后有敌城邑。
⑧ 重地：与轻地对言，指入敌境远的难返之地。
⑨ 所由入者隘，所从归者迂：进入的道路狭隘而回归的道路迂远。
⑩ 死地：盖不速战以求生则会被消灭之地。
⑪ 无止：不可止留。
⑫ 争地则无攻：言敌已据争地则不可攻。
⑬ 交地则无绝：在交地，部伍相联结，不可断绝。
⑭ 衢地则合交：在衢地，则当结交诸侯，陷敌于孤立。
⑮ 重地则掠：处于重地则掠夺敌资粮。

圮地则行⑯，围地则谋⑰，死地则战⑱。

【精义】

孙子说：根据用兵的一般法则，军事地理可以分为散地、轻地、争地、交地、衢地、重地、圮地、围地、死地等九种。诸侯在本国境内作战，这种地区叫作"散地"。在进入敌境不深易返的地区作战，这种地区叫作"轻地"。我方先占据则对我方有利，敌方先占据则对敌方也有利，这种地区叫作"急地"。我军可以往，敌军可以来的地区，叫作"交地"。多国交界之处，先到的可以得到多数诸侯的支持，这种地区叫作"衢地"。深入敌境，越过了许多城邑，四面都是敌人，这种地区叫作"重地"。山岭、森林、险阻、水网、沼泽等一切难以通行的地区，叫作"圮地"。进军的道路十分狭隘险要，而退军的道路非常迂远，敌人可以以寡击众，以弱击强，这种地区叫作"围地"。奋力速战才能生存，不奋力速战就会全军覆灭，这种地区叫作"死地"。因此，在"散地"上不要交战；在"轻地"上不可停留；在"争地"上应抢先占领要地，不可贸然进攻已经先我进入阵地的敌军；在"交地"上务必要使部队相互连接，以免被敌人各个击破；在"衢地"应结交邻国；深入"重地"则应夺取粮草物资，就地补给；遇到"圮地"一定要迅速通过，不可迟缓；陷入"围地"就必须设谋脱险；一旦进入"死地"，就唯有全力猛战，死中求生。

【读解】

在本段中，孙子依据用兵原则，将军队作战行进的地区列为九

---

⑯　圮地则行：遇圮地则迅速通行。
⑰　围地则谋：处围地则发谋以取胜。
⑱　死地则战：处死地则力战以求生。

种，分别是：散地、轻地、争地、交地、衢地、重地、圮地、围地、死地。 他深刻分析了每种地域的利弊，警示将帅们在处于不同地域时要权衡利弊，根据不同战区的不同特点，采取适宜的战略行动。

【活学活用】

"衢地"在战争中是指各国相毗邻的要冲，即所谓的四通之地。 在这种地方需要分清敌友，和友国结交友好，以为己援；在政治舞台上，一些重要或敏感的职位，就是政客们争夺的"衢地"，他们因此上演了一幕又一幕丑剧、闹剧；在事业上，机遇即是"衢地"，弱者等待机会，而强者则会主动争取机会。

合于利而动

【原文】

所谓古之善用兵者，能使敌人前后不相及①，众寡不相恃②，贵贱③不相救，上下不相收④，卒离而不集，兵合而不齐。合于利而动，不合于利而止。

【精义】

古时候善于用兵的人，能使敌人前后无法相顾，主力和小部队无法相互依赖，官兵之间无法相互救援，上下建制失去联络，士卒离散难以集合，即使集合了阵形也不齐整。对我方有利就打，对我方无利就停止行动。

【读解】

本段中孙子指出，精明的将领往往可以灵活调动敌人，使敌前后军队不能相互策应，主力和分队无法相互依靠，官兵之间不能相互救援，上下级之间失去联络，士兵分散不能集中，合兵布阵也无法协调一致。这样，敌人的整体战斗力就大大削弱，这对我军来说十分有利，此时出击便可大获全胜。他强调军事行动要"合于利而动，不合于利而止"，所谓的"利"，也就是于我有利的

---

① 不相及：不相连续。及，本为"赶上"，此为"连也""继也"。
② 众寡不相恃：大部队与小部队不能协同依恃。
③ 贵贱：官与兵。春秋时军中贵族为官，奴隶为兵。
④ 不相收：不相统属，不能收聚。收：聚也。

态势。

【活学活用】

"合于利而动"的谋略，第一强调将帅用兵作战，采用战术，制定方针谋划策略要以现实的利害为依据。 "见利则动，不见利则止，慎不可轻举也。"第二，"合于利而动"不是唯利是图，见利就争，见便宜就抢，否则，争抢到手的往往是诱饵，利会变成害。 第三，"合于利而动，不合于利而止"，强调要兼顾利与不利两个方面，有利则动，则争，无利则止，则弃，动与争是为趋利，止与弃是为避害。 "趋利避害"是将帅运用"合于利而动"谋略时必须把握的基本原则。

军事斗争与政治斗争虽领域不同，但在运筹策划、运用谋略上却大致相同。 政治斗争也是以利益为准则，以利益为出发点和归宿。 高明的政治家"合于利而动"，往往把维护国家利益作为行动的准绳，个人利益要服从国家的大局。

后之情主速

【原文】

敢问：敌众整而将来①，待之若何？ 曰：先夺其所爱②，则听③矣。 兵之情主速④，乘人之不及⑤，由不虞之道⑥，攻其所不戒⑦也。

【精义】

试问：敌人兵员众多且又阵势严整地向我发起进攻，我该如何应对呢？ 回答是：先夺去敌人所珍爱和依恃的有利条件，那么敌人就会听我摆布了。用兵之道贵在神速，趁敌人措手不及之时，走敌人料想不到的道路，攻击敌人未加戒备的地方。

【读解】

"兵贵神速"是孙子一直强调的作战原则。 两军交战要以速战速决为宗旨，尤其是在长途作战时，攻击速度更是至关重要。

---

① 敌众整而将来：敌军人数众多，队形严整，将要来进攻。 众，人数众多。 整，严整、齐整。

② 夺其所爱：剥夺敌人最在乎的有利条件。 所爱，敌人最看重的东西，喻指敌军作战的关键、有利之处。

③ 听：使敌被动，听我摆布。

④ 兵之情主速：意思是说用兵之道以神速为上，即"兵贵神速"。 情，此处为关键之意。 主，重在。

⑤ 乘人之不及：趁敌人措手不及之时。 乘，同"趁"。 不及，措手不及。

⑥ 由不虞之道：通过敌人料想不到的道路。 由，经过、通过。 虞，预料。

⑦ 戒：警戒，防备。

用兵的关键在于神速，这不仅要求军队在打仗时要进行速战，更重要的是对敌人未曾想到的地方、没有预料到的环节最为依恃的方面进行攻击，以最快的速度将其击垮。

【活学活用】

"兵之情主速"，这是古今中外军事家所公允并且被无数次战争证明了的至理名言。兵贵神速有两层含意：一是军队行动要快，"其疾如风"，"动如雷震"，"兵贵胜，不贵久"都是这种含意的表述。二是军队行动的时间要准确，不迟不早，恰到好处。迟了，会错过战机；早了，会暴露战略意图。所以关键在于恰到好处，及时把握住军事行动的时机。

兵贵神速是用兵的一般规律。只有发兵神速，速战速决，才能够攻敌不备，打得敌人措手不及。这样就能解决军需物资不足的问题。如果发现战机却犹豫不决，敌人就要先发制我；我虽然先发制敌，但行动不快，敌人就会先收到消息。难得到的是时间，容易失去的是机会。所以，行动一定要迅速，捕捉战机一定要准确。需要速战速决时，就要以迅雷不及掩耳之势，压倒敌人，夺取胜利。军队的神速行动，是将帅随机应变，多谋善断，办事果敢的智慧表现。

兵士甚陷则不惧

【原文】

凡为客之道①：深入则专②，主人不克③；掠于饶野，三军足食；谨养而勿劳④，并气积力⑤；运兵计谋⑥，为不可测⑦。 投之无所往⑧，死且不北⑨；死焉不得，士人尽力⑩。 兵士甚陷则不惧⑪，无所往则固⑫，深入则拘⑬，不得已则斗。 是故，其兵不修而戒⑭，不求而得⑮，不约而亲⑯，不令而信⑰，禁祥去疑⑱，至死无所之。 吾士无余财，非恶货也⑲；无余命，非恶寿也⑳。 令发

---

① 为客之道：进攻部队的用兵规律。 客，外来人，这里指进攻的一方。 下文的"主"与"客"相对，指被进攻一方。 古兵法中"主""客"均指此。

② 深入则专：深入敌境则士卒心志专一。

③ 主人不克：被进攻者不能胜我。

④ 谨养而勿劳：认真养练休整，勿使疲劳。

⑤ 并气积力：鼓舞士气，积蓄力量。 并，合并，此为鼓舞、激励之意。

⑥ 运兵计谋：部署兵力，设计谋略。 运，调动、部署。 计，筹划、设计。

⑦ 为不可测：使敌莫测。 为，动词，做成、做到。

⑧ 无所往：无路可走。 "投之无所往"犹言置之死地。

⑨ 死且不北：宁死也不败退。 且，尚且。

⑩ 死焉不得，士人尽力：置于死地士卒必人人尽力之意。

⑪ 兵士甚陷则不惧：指兵士深陷于危难之中，那么，反而无所畏惧了。

⑫ 固：坚固，指人心坚固，无存他想。

⑬ 拘：缚也。 此喻士卒依附而不敢离散如拘缚之状。

⑭ 不修而戒：不待休整而自戒备。

⑮ 不求而得：不待征求而情意已得。

⑯ 不约而亲：不待约束而自亲和。

⑰ 不令而信：不待号令而自能遵守纪律。

⑱ 禁祥去疑：迷信活动停止了，疑惑消除了。

⑲ 无余财，非恶货也：兵卒毁弃财物，不携带必需品以外之物，非不爱财物，实乃性命不保，何惜财物。

⑳ 无余命，非恶寿也：意思是不顾性命去拼死搏斗，并非不愿长寿，实乃身陷死地，不得不舍命以求生也。

之日，士卒坐者涕沾襟，偃卧㉑者涕交颐㉒。投之无所往者，诸、刿㉓之勇也。

【精义】

进入敌国作战的法则是：深入敌境，则士卒专心一意，敌军无法抵挡；在富饶的地区夺取粮草物资补给，则三军将士有充足的后勤保障；注意休整队伍保存士卒的体力，不要使他们过于疲劳，部队就可以养精蓄锐，斗志昂扬；部署兵力，巧设计谋，务必要使敌人无法判断我军意图。把部队置于无路可走的绝境，士卒就会宁死也不败逃，既然士卒宁死也不会败逃，又怎么会不尽力作战呢？士卒深陷危地，就反而会无所畏惧；走投无路，军心就会稳固；深入敌境，军队就不会离散；形势迫不得已，士卒就会拼命作战。因此，这样的军队不待整治而自知戒慎，不待鞭策而自能尽心竭力，不待约束而自能亲密团结，不待号令而自能遵纪守法。禁止占卜迷信之事，消除疑惑之言，士卒们即使战死也绝不退避。我军士卒没有多余的钱财，并不是他们厌恶财物；置生死于度外，并不是他们不想长寿。当作战命令下达的时候，士卒们坐着的泪水沾湿了衣襟，躺着的泪流满面。把军队置于无路可走的绝境，他们就会像专诸、曹刿一样勇敢了。

㉑ 偃卧：仰卧。

㉒ 颐：面颊。

㉓ 诸、刿：专诸、曹刿。春秋时著名勇士。专诸：春秋吴国堂邑人。吴公子光阴谋杀吴王僚而自立，伍子胥窥测其意而荐专诸于公子光，光使专诸藏匕首于炙鱼腹中，乘进献时刺吴王僚，立死；专诸亦被吴王僚卫士所杀。曹刿：曹沫，春秋鲁国人，事鲁庄公。齐桓公与鲁庄公会盟于柯（今山东东阿），曹沫执匕首登坛劫齐桓公，迫使其归还所侵之鲁地。二者事详见《史记·刺客列传》。

【读解】

这段话论述的是，在深入敌国境内作战时士卒们的心理意志所带来的巨大作用。的确，当人身陷绝境无路可退时，意志就会变得异常坚定，潜力就会被激发出来。孙子根据实际的作战经验指出，士卒们越是陷入危险之地，就越是宁死不屈，越是心智专一，越是亲密团结，整个军队的战斗力也就越强大。

【活学活用】

没有人不怕死，但是人在面临真正的死亡威胁时，反而会变得无所畏惧。如果不拼命一定死，但是拼命却有一线生机，可能所有的人都会选择拼命，这是一种求生的本能。

当人们对死亡的恐惧超过了一定的限度时，就会激发出一种大无畏的勇气，就是我们常说"狗急跳墙""兔子急了还咬人"。有一些弱小者，在面临死亡威胁时常常会孤注一掷，走向与敌人同归于尽的极端；而平时那些怯懦者，在遇到同样情况时反而会变得非常勇敢，所以，什么样的后果都有可能发生。

因此，高明的将帅非常懂得利用这种特点，巧妙地设置种种"死地"，或是激发起士兵的必死之心，从而在战场上发挥出最大的作战潜力。

携手若使一人

【原文】

故善用兵者，譬如率然①。 率然者，常山②之蛇也，击其首则尾至，击其尾则首至，击其中则首尾俱至。 敢问：兵可使如率然乎？ 曰：可。 夫吴人与越人相恶也，当其同舟共济，遇风，其相救也如左右手。 是故方马埋轮，未足恃也③；齐勇若一，政之道也④；刚柔皆得，地之理也⑤。 故善用兵者，携手若使一人，不得已也。

【精义】

善于用兵的人，能够使部队像"率然"一样。率然，是常山出产的一种蛇，击打它的头部，尾巴就来救应；击打它的尾部，头就来救应；击打它的中部，头和尾就都来救应。试问："可以使军队像率然一样吗？"回答是："可以。"吴国人和越国人向来相互仇视，但是当他们同舟渡河而遇到大风时，也能相互救援配合默契犹如一个人的左右手一样。因此，只将车马整齐地排列起来，深埋车

---

① 率然：古代传说中的一种蛇。

② 常山：恒山，五岳中的北岳，位于今山西浑源南。 西汉时为避讳汉文帝刘恒的"恒"字，改称"常山"。

③ 方马埋轮，未足恃也：将马并排地系缚在一起，将车轮埋起来，想用此来稳定部队，以示坚守的决心，是靠不住的。

④ 齐勇若一，政之道也：使士卒齐心协力、英勇杀敌如同一人。 这才是治理军队的方法。 齐，齐心协力。 政，治理、管理的意思。

⑤ 刚柔皆得，地之理也：使强者和弱者都能各尽其力，这在于恰当地运用地形。

轮来显示死战决心是不足以依仗的；只有使全军齐心协力，步调一致，同仇敌忾，才是治军的原则要求；使各种不同地理条件都得其所用，发挥作用，乃是利用地形地势的一般原则要求。所以，善于用兵的人，能使三军将士精诚团结如同一个人，是由于士卒身陷死地，形势迫不得已。

【读解】

孙子在这里强调的是指挥在作战中的重要作用。杰出的将帅在统率三军作战时，能使其相互策应，相互救援，使三军严整、勇敢如一人。形成整体的作战思想，靠的是高明的治军之道；使勇敢的人和怯弱的人都发挥作用，靠的是地形的巧妙运用。缚马埋轮不是稳定军阵的办法。指挥军队也是一门学问，将帅只有具备了统军御众的才能，才会使军队灵活得如同一个人，就像"常山之蛇"一样首尾相顾，形成一个有机的整体。

【活学活用】

协同作战，不是简单地集中兵力。兵力应当集中而不能集中的，就是自己孤立自己，兵力应当分开使用而不能分开的，就是自己束缚自己。何时聚好，何时分好，只能根据具体情况，审时度势，权衡利弊而定夺。

将军之事

【原文】

将军之事①，静以幽②，正以治③。能愚士卒之耳目，使之无知④；易其事，革其谋，使人无识⑤；易其居，迁其途，使人不得虑⑥。帅与之期，如登高而去其梯⑦；帅与之深入诸侯之地，而发其机⑧，焚舟破釜，若驱群羊，驱而往，驱而来，莫知所之。聚三军之众，投之于险，此谓将军之事也⑨。九地之变，屈伸之利⑩，人情之理，不可不察。

【精义】

将军统兵作战，要沉着冷静，深谋远虑，公正严明而有条不

---

① 将军之事：此句意为指挥军队打仗的事。将，用作动词，主持、指挥的意思。

② 静以幽：静，沉着冷静。以，同"而"。幽，幽深莫测。

③ 正以治：严肃公正而治理得宜。正，严正、公正。治，治理、有条理。

④ 能愚士卒之耳目，使之无知：能够蒙蔽士卒，使他们不能知觉。愚，蒙蔽、蒙骗。

⑤ 易其事，革其谋，使人无识：变更正在做的事情，改变计谋，使他人无法识破。易，变更；革，改变、变置。

⑥ 易其居，迁其途，使人不得虑：更换驻防的地点，行军迂回，使敌人无法图谋。虑，图谋。

⑦ 帅与之期，如登高而去其梯：主帅赋予军队作战任务，要断其退路，犹如登高而去梯，使之勇往直前。期，约定。

⑧ 帅与之深入诸侯之地，而发其机：统帅与军队深入敌国，就如击发弩机，出的箭一样（笔直向前而不可复回）。机，弩机之扳机。

⑨ 聚三军之众，投之于险，此谓将军之事也：集结全军，把他们投置到险恶的绝地。这就是指挥军队作战中的要事。

⑩ 九地之变，屈伸之利：对不同地理条件的应变处置，使军队的进退得宜。屈，弯曲。伸，伸展。屈伸，这里指部队的前进和后退。

素。他们能蒙蔽士卒的耳目，使之对军事计划毫无所知。经常变化战法，不断更新计谋，使人无法识破。不时更换驻军的营地，进军的路线迂回曲折，使人无法推断出其意图。将帅对部属下达作战任务，要像登上高处而后抽去梯子一样，使他们能进而不能退；率领军队深入别国境内而发起战斗，如同放牧者驱赶羊群一样，赶过去，赶过来，没有谁知道要到什么地方去。聚集全军士卒，将他们投置于危绝之地，这就是将军的主要职责。根据不同的作战地形采取适当的行动策略，顺应各种不同的具体条件灵活地伸缩进退，趋利避害，掌握士卒在不同情况下的不同心理，这些都是不能不慎重审察、仔细研究的。

【读解】

这段话讲的是统率军队的各种能力。孙子强调将帅要"静、幽、正、治"，在精神上沉着镇静、处变不惊，在战术上高深莫测、变化多端。其中，他重点谈论了"置之死地而后生"的战略。孙子形象地将其比喻为"登高去梯"，也就是在踏入阵地后，要先断绝一切退路，从而激发士卒的战斗力，使他们能够坚决服从命令，誓与敌人血战到底。

【活学活用】

作为军队的最高统帅，管理士兵应该有一些方法和手段，也就是最原始、最基本的军队管理学原则——静以幽，正以治。即要使自己的军队产生严密协同的整体作战效果，必须沉着镇静且思维缜密，部队管理严整且有条理，要知道如何根据不同地形而变化，知道在不同地形上力量部署的利弊和士兵们的心理反应。

要想做到这一点，一是要"投之于险"，强化处境的危险，以激发起士兵的求生意志；二是要"易其事"，"迁其途"，明白哪些事情是应该让士兵们知道的，哪些事情是不应该让士兵们知道的。 在现代人看来，这种方法未免有些太不道德了，是典型的"愚兵"策略，欺骗士兵为自己卖命。 孙子站在统治阶级的立场上，将指挥部队比喻成驱赶羊群，甚至提倡欺骗蒙蔽的手段，提倡"上房抽梯"之类的阴损之术，这是他的军事思想里的糟粕，我们应该认真地加以鉴别。

为客之道

【原文】

凡为客之道：深则专，浅则散。去国越境而师者，绝地也①。四达者，衢地也。入深者，重地也。入浅者，轻地也。背固前隘②者，围地也。无所往者，死地也。是故散地，吾将一其志③；轻地，吾将使之属④；争地，吾将趋其后⑤；交地，吾将谨其守；衢地，吾将固其结；重地，吾将继其食；圮地，吾将进其途；围地，吾将塞其阙⑥；死地，吾将示之以不活。故兵之情：围则御，不得已则斗，过则从⑦。

【精义】

进入敌国作战的规律、法则是：进入敌境越深，军心就越是稳定巩固；进入得越浅，军心就越容易涣散不稳。离开本国，越过边境到敌国作战，这种地区叫作"绝地"；四通八达的地区叫作"衢地"；进入敌境很深的地区叫作"重地"；进入敌境不深的地区叫

---

① 绝地：指与本国隔绝的作战地。
② 背固前隘：背后险固，前路狭隘。
③ 一其志：统一士众心志。一，用作使动词。
④ 属：连续。
⑤ 趋其后：紧紧地从后驱赶部队快速前进。争地志在必得，故需驱赶以疾进。"趋其后"的"其"与"一其志""使之属""谨其守""固其结""继其食"等的"之""其"一样，均指代所率部队。
⑥ 塞其阙：塞其缺口，言堵住生路，使士卒死战。
⑦ 过则从：陷于险境十分深重则无不听从。孟氏曰："甚陷则无所不从。"过，过度、过分，言陷之过分。

181

作"轻地";背后有险阻前面有隘口的地区叫作"围地";无处可走的地区叫作"死地"。因此,在"散地"上,我要使军队专心一志;在"轻地"上,我要使部队营阵密切相连;在"争地"上,我要命令后面的部队火速赶上,抢先占领各要地,以便于作战;遇到"交地",我要小心谨慎地设防;在"衢地"上,我要努力巩固与诸侯国的同盟;在"重地"上,我要设法保障军队的粮草供给;在"圮地"上,我要迅速地通过;在"围地"上,我要堵塞所有的出路,以示决心坚守,待敌松懈后再突然出击;在"死地"上,我要示以决死之心,以便争取一线生机。所以,士卒的心理状态是,被围困就会齐心抵御,形势迫不得已就会拼命战斗,深陷危地就会听从官长指挥。

【读解】

这段话是对九种地形的补充说明。孙子指出,身处不同地形时人的心理感觉是不一样的。将领要根据各种不同的地形条件,综合士卒的心理因素,灵活机动地采取不同的作战方案。

【活学活用】

调动军队进入敌境,会遇到各种不同的地理条件和士兵们在不同的地理条件下产生的不同的心理状态。把这些地理条件和士兵们的心理状态,与实行正确的军事指挥结合起来,制定出切合实际的战略战术。比如:和敌人在自己国内的"散地"上作战,士兵们容易逃散还乡,所以要统一士兵的意志;在进入敌国不远的"轻地"上作战,士兵有轻易返回故国之心,所以要加强队伍的前后联系和管理;在深入到敌国的"重地"上作战,士兵会不惜性命,奋勇杀敌,所以要因粮于敌,保证队伍粮草供给,保持士气,不要过度疲劳，以积蓄和提高军队的战斗力，等等。 这些论断是孙子的"知地"论在战争实践中的具体应用。

孙子所提出的这些论断，不应机械地理解。 如"散地无战"中的"无战"，并非一定不打，它是指对于优势的来犯之敌，不应采取攻势，而应该采取守势作战为主，要避免过早决战，等待时机逐步消灭敌人。 抗日战争中，我军民采取的坚壁清野、游击战争等等，都体现了这一谋略。

霸王之兵

【原文】

是故不知诸侯之谋者，不能预交①；不知山林、险阻、沮泽之形者，不能行军；不用乡导者，不能得地利。四五者②不知一③，非霸王之兵④也。夫霸王之兵，伐大国，则其众不得聚⑤；威加于敌，则其交不得合⑥。是故不争天下之交⑦，不养天下之权⑧，信己之私⑨，威加于敌，故其城可拔，其国可隳⑩。

【精义】

因此，不了解各国的战略意图，就不能与它们结交同盟；不熟悉山林、险阻、沼泽等地形情况，就不能贸然行军；不利用熟悉当地地形的人作为向导，就不能得到地利。以上这几条，只要不懂得其中的任何一条，就不算是霸王之兵。凡是霸王之兵，攻伐大国，

---

① 不知诸侯之谋者，不能预交：不了解诸侯的谋略，就不能同他结交。

② 四五者：指九地。"九地"中四为主兵（防御的一方），五为客兵（主动进攻的一方），这里是将九地分开来说。

③ 不知一：有一项不知道的。

④ 霸王之兵：能够称霸诸侯的军队。

⑤ 其众不得聚：这里指敌国的军队来不及调动和集结。聚，集结军队。

⑥ 威加于敌，则其交不得合：向敌国施加我军强大的攻势而使他国惧怕我的威严，这样敌国就无法与其他国家结交。

⑦ 不争天下之交：不必与天下的诸侯都结交。

⑧ 不养天下之权：无须在别的诸侯国里培植发展自己的势力。养，培养、培植。权，势力。

⑨ 信己之私：指依靠自己的战略计策谋求发展。信，依靠。私，自己的力量。

⑩ 隳：通"毁"，毁坏、毁灭。

能使其民众无法聚集动员；兵威加于敌国，就能使其盟国不敢前来救援。所以，不必与敌国争交天下的诸侯国，不必蓄养机权之计，就足以实现自己的目标，以兵威加于敌国。因而能够攻克敌人的城池，毁灭敌人的国家。

【读解】

孙子在这里强调了"伐交"的重要性，"不知诸侯之谋者，不能预交"。将帅一定要精通外交，熟悉各诸侯国的情况，在外交上为自己争取有利条件，以达到"不战而屈人之兵"的目的。这里的"霸王之兵"指的是通过外交手段来战胜一切敌人的军队。它可以通过与他国联盟、拉拢中立国的方式来孤立敌国，令其臣服。同时，孙子又指出，真正的"霸王之兵"并不需要借助他国的势力来赢取战争，而是通过施恩于自己国家的民众，培养自己的优秀军队，以强大的军事实力来威逼敌国，令其畏惧而做出退让。能够拥有这样的实力，才能称为无敌的常胜之师。这样的军队，这样的国家，才能拔敌之城池，毁敌之国都，才能做到"不战而屈人之兵"，这也是孙子所崇尚的"善之善者"的理想用兵境界。

【活学活用】

孙子在这里详尽论述了"威加于敌"谋略的作用和效果。"威加于敌"是把立威当作基本条件。立威首先是在心理上摧垮敌人的精神防线，使之兵乱军迷，屈服投降。

"威加于敌"从实行的条件看，必须要以强大的实力作后盾。这种实力不单纯指军事力量，也包括了政治、经济等综合国力。

"威加于敌"谋略运用得当，会取得"伐谋""伐交"的效果。所谓"伐谋"，即以威慑恐吓使敌国停止抵抗；所谓"伐交"，即使敌人的盟国因惧怕不敢履约形成同盟，从而达到"其城可拔，其国可隳"的目的。

陷之死地然后生

【原文】

施无法之赏①，悬无政之令②，犯三军之众③，若使一人。犯之以事，勿告以言④；犯之以利，勿告以害⑤。投之亡地然后存，陷之死地然后生⑥。夫众陷于害，然后能为胜败⑦。

【精义】

施行超出常规的奖赏，颁发打破常规的命令，指挥三军人马如同使唤一个人一样。给予任务，命令他们去完成，而不告诉他们这样做的谋略意图；给予危险的任务，命令他们务必完成，只告诉我们有利的条件，而不告诉他们有哪些危害。把士卒投入绝地，然后他们才能全力作战而求得生存；使士卒陷入死地，然后他们才能不顾一切地拼死一搏，从而转危为安。军队陷于不利的境地，然后才能掌握战争的主动权，主宰战争的命运，从而夺取完全的胜利。

---

① 施无法之赏：施行超出惯例的奖赏，即破格奖赏。法，尺度、规则。无法，破格、超出惯例。

② 悬无政之令：颁布打破常规的号令。悬，悬挂，这里指颁布。政，同"正"，正常、常规之意。

③ 犯三军之众：指挥三军将士执行任务。犯，使用、任用。

④ 犯之以事，勿告以言：指挥士兵们参加战斗，不要告诉他们真实作战意图。之，士卒。事，作战。言，指实情。

⑤ 犯之以利，勿告以害：命令士兵们完成任务，只告诉他们有利条件，不告诉他们不利因素，以使其信心坚定。

⑥ 投之亡地然后存，陷之死地然后生：把士兵们投进最危险的地区才有可能转危为安；使士兵们处于死地，他们才能起死回生。

⑦ 能为胜败：军队陷入危境时才能力战以求胜利。

孙子认为，治理军队在特定的时候要实行破格的奖赏，颁发非常的政令，这样才可以灵活地调动庞大的军队，协调各部，使军士意志统一。 让部下执行军令时，只安排任务不说明意图，只告知有利方面，不告知危险因素，他们才会坚定信心，全力以赴，最终夺取胜利。

【活学活用】

"投之亡地然后存，陷之死地然后生。"孙子这句名言，在先秦两汉之际就已流传，是将领带兵的一个办法。 军队被迫处于困境之时，为了摆脱危险和困境是一种积极的行动。 当军队陷入"死地""危地""重地"时，既不可能避战，也不可能坚守自保。 在这种情况下，孙子主张要善于利用险恶的态势团结大众，团结军心，以超常的勇气与敌决一死战，这样反而能化险为夷，死里得生，反败为胜。

巧能成事

【原文】

故为兵之事，在于顺详敌之意①，并敌一向②，千里杀将。 此谓巧能成事者也。

【精义】

所以，用兵作战的事，在于审慎地考察敌人的意图，然后集中兵力攻击，长驱千里，擒杀敌军大将，这就是所谓的善于运用妙策而克敌制胜。

【读解】

孙子在这里阐述了作战的关键在于谨慎地观察敌人的战略意图，然后集中兵力攻击敌人一处，也就是巧用奇兵以实现克敌制胜的目的。

【活学活用】

集中兵力是夺取战争主动权的重要手段。 火力必须集中在一点，而且必须打开一个缺口，一旦敌人的稳定性被破坏，尔后的任务就是把它彻底击溃。 拿破仑在这里论述了进攻战的原则，一是兵力集中，二是火力用在"一点"，三是破坏敌人"稳定性"，再

---

① 顺详敌之意：假装顺从敌人的意图。 顺详，假装顺从。 一说"顺"通"慎"，详即"审"，审慎考察敌人意图之意。

② 并敌一向：同仇敌忾一致向敌之意。

各个击破。 毛泽东也说："在有强大敌军存在的条件下，无论自己有多少军队，在一段时间内，主要的使用方向只应有一个，不应有两个。"可见，无论兵力多寡，是进攻还是防御，"并敌一向"，集中兵力是具有普遍意义的作战原则，是实现在战略上以少胜多，战术上以多胜少的根本手段。

践墨随敌

【原文】

是故政举之日①，夷关折符②，无通其使，厉于廊庙之上③，以诛其事④，敌人开阖⑤，必亟入之甲，先其所爱⑥，微与之期⑦，践墨随敌⑧，以决战事。是故始如处女，敌人开户⑨；后如脱兔，敌不及拒。

【精义】

因此，当决定战争行动的时候，就要封锁关塞，废除通行凭证，不许敌国使者往来，还要在朝廷上仔细研究敌情，反复谋划策略。敌军一旦露出破绽，就必须迅速乘虚而入，抢先夺取敌人所珍惜的赖以制我的有利条件，切不可预先与敌人约期会战。一定要循

① 政举之日：决定实施战争的时候。政，军政，这里指战争。举，实施，施行。

② 夷关折符：封锁关口，废除通行凭证。夷，平也。这里表封闭、封锁。符，古代传达命令，通信联络的信物，是用竹木或铜制成的牌子。上刻图文，剖为两半，主客方各执一半，使者所持与主方合，即"合符"，使者可信。

③ 厉于廊庙之上：于廊庙之上反复分析、研究。厉，磨，这里指反复分析、研究。

④ 诛其事：决定这一大事。诛，治，这里指决定、谋划。

⑤ 开阖：开门，以喻可乘之隙。

⑥ 先其所爱：即"先夺其所爱"。

⑦ 微与之期：不要与敌人约期交战。微，无。

⑧ 践墨随敌：实施作战计划要随敌情变化而灵活处置。践，实行、实施。墨，既定计划。一说，"墨"指军事原则，"践墨随敌"为运用军事原则应根据敌情灵活变通。

⑨ 开户：同"开阖"。这里喻放松戒备。

守法度，践履规矩，根据敌情的变化而采取相应的措施，以求得战争的胜利。因此，在决战之前要像处女一样沉静，使敌人放松警惕而露出可乘之隙；然后要像脱逃的兔子一样行动迅速，使敌人来不及抵抗。

【读解】

孙子在这里所要说明的是，两国如果已经决定开战，那么就要施行一系列的措施，以防敌国的奸细混入本国内部，刺探军情。原定的计划也不能一成不变地用来指导战争，一切要随敌情的变化而变化。一旦敌人露出可乘之机，就要迅速攻破、夺取、占领敌人的要害。孙子还告诫我们，要善于伪装，"始如处女"，"后如脱兔"。

【活学活用】

践墨随敌这一谋略的实质在于，事物在不断变化之中，主客观条件也是不断变化着的，只有能够随着时间、地点和机会的变化而灵活地作出不同选择，才能把握住成功的主线。如果是机械地重复某种固定的规律，就会与成功的机遇失之交臂。

火攻篇

本经通读

孙子曰：凡火攻有五：一曰火人，二曰火积，三曰火辎，四曰火库，五曰火队。行火必有因，烟火必素具。发火有时，起火有日。时者，天之燥也；日者，月在箕、壁、翼、轸也。凡此四宿者，风起之日也。

凡火攻，必因五火之变而应之。火发于内，则早应之于外。火发兵静者，待而勿攻；极其火力，可从而从之，不可从而止。火可发于外，无待于内，以时发之。火发上风，无攻下风。昼风久，夜风止。凡军必知有五火之变，以数守之。

故以火佐攻者明，以水佐攻者强。水可以绝，不可以夺。

夫战胜攻取，而不修其功者，凶，命曰"费留"。故曰：明主虑之，良将修之，非利不动，非得不用，非危不战。

主不可以怒而兴师，将不可以愠而致战；合于利而动，不合于利而止。怒可以复喜，愠可以复悦，亡国不可以复存，死者不可以复生。故明君慎之，良将警之，此安国全军之道也。

本篇旨要

战争对国家的财力、物力、人力资源消耗巨大，所以任何国家都希望战争速战速决。 但是作战时，如果仅仅领先战士的肉搏血战，或者运用笨重的刀枪作战，不但不能速战速决，而且需要耗费时间、财力、物力和牺牲军人的生命。 所以，为了缩短战祸的时间，扩大战果，迅速有效地歼灭敌人的有生力量，孙子主张在必要时和适宜的条件下，用火助攻或者以水助战，以求速战速决。

孙子是把"火攻水攻"作为作战形式，写入兵法的古今中外第一人。 孙子在《火攻篇》中详细地阐述火攻的规律与具体方法、注意事项等。 由于孙子生活时代的限制，两千多年前的战争也仅能依靠火、水这些自然条件以辅助作战。 孙子说："以火佐攻"主要强调火攻，当然水攻也是战争中的一种手段，但运用得好，也可以由弱变强，由不利成为有利。

孙子在强调了火攻的必要条件后，又提到了如何配合火攻，就是强调"必因五火之变而应之"。 根据火攻情况，视时视地随机应变，还应该对于"火攻"这一手段加以注重，灵活运用，从而让五火助攻显出真正的神威。

孙子说的这五种火攻的方法，在后来的战争中，都被将帅们反复地使用过。

火攻有五

【原文】

孙子曰：凡火攻有五：一曰火人①，二曰火积②，三曰火辎③，四曰火库④，五曰火队⑤。行火必有因⑥，烟火必素具⑦。发火有时，起火有日⑧。时者，天之燥⑨也；日者，月在箕、壁、翼、轸⑩也。凡此四宿者，风起之日也。

【精义】

孙子说：火攻有五种：一是焚烧敌军的人马，二是焚烧敌军的

---

① 火人：意为烧毁敌军人马。火，用做动词，烧、焚烧的意思。

② 火积：意为焚烧敌军积聚的粮草。积，粮仓。

③ 火辎：意为焚烧敌军被服、武器及车辆等辎重。辎，辎重，指车甲、兵器、战袍等军用装备。

④ 火库：意为焚毁敌军存放装备、军饷、财物等物资的仓库。库，仓库。

⑤ 火队：意为焚烧敌人交通运输设施。队，通"隧"，道路的意思，这里指交通设施。

⑥ 行火必有因：实施火攻时，必须具备一定的条件，需要考虑天时、敌情等因素。因，条件。

⑦ 烟火必素具：放火的器材必须在平日里就准备妥当。烟火，火攻用的器具燃料。素具，常有准备。素，平常、常。具，具备。

⑧ 发火有时，起火有日：发动火攻要看准天时，具体点火则要有恰当合适的日子。发火、起火都是发起火攻的意思。时，是季节，指季节性。日，是日期，指日期性。

⑨ 天之燥：天气干燥的时候。

⑩ 箕、壁、翼、轸：均为二十八星宿之一。上古时代，人们把自然看得很神秘，又由于农业生产的需要，于是特别重视观测天象，二十八宿便是当时妇孺皆知的天文知识。箕为东方苍龙七宿之一；壁为北方玄武七宿之一；翼、轸为南方朱雀七宿之二。古人通过长期观察，月亮与这些星宿运行到一起的日子，一般多风，这可看作上古气象资料。

粮草积储，三是焚烧敌军的辎重，四是焚烧敌军的仓库，五是焚烧敌军攻城用的地道。实施火攻必须具备一定的条件，火攻器材必须事先准备充足。火攻还要看准天时和日子。天时是指气候干燥，日子是指月亮运行到箕、壁、翼、轸四宿的位置时。月亮行经这四宿的日子，一般都是起风的日子。

【读解】

本段中孙子给我们列举了火攻的五种类型，并指出运用火攻也要具备一定的条件，等待一定的时机。 因为只有在恰当的条件下，火攻才能给对方以致命的打击。 如果条件不具备就不能用火攻的计策，否则就暴露了自己的作战动机，令敌人有所防范，火攻便失去了战略意义。 运用火攻战术首先要在干燥的气候条件下，最好还要刮着风向有利自己的风。 除此之外，行动者还得抓住有利的战机，有时候这种战机是稍纵即逝的，一旦错过了便不会再有。

【活学活用】

孙子认为火攻主要有五种类型，运用火攻时并非单纯以火制胜，还必须辅助必要的兵力，当兵力和火攻同时发生威力时，战争也就很容易取得胜利了。

然而，在战争中还必须灵活地运用釜底抽薪的方法。 有时，对立势力发生变化，就似凉水烧开一样。 你正面攻击，等于扬汤止沸，水越少，会滚沸得更厉害，往往劳而无功；从消除对立势力的生存根源入手，铲除其基础或依赖物，往往才容易取得胜利。

五火之变

【原文】

凡火攻，必因五火之变而应之①。火发于内②，则早应之于外③。火发兵静者，待而勿攻④；极其火力⑤，可从而从之，不可从而止⑥。火可发于外，无待于内⑦，以时发之⑧。火发上风，无攻下风⑨。昼风久，夜风止⑩。凡军必知有五火之变，以数守之⑪。

故以火佐攻者明⑫，以水佐攻者强⑬。水可以绝，不可以夺⑭。

---

① 必因五火之变而应之：指根据"火发于内"至"昼风久，夜风止"等五种不同情况而灵活应变处置。

② 火发于内：在敌人军营内部放火。

③ 早应之于外：应该提前在外部做好接应。早，提前。

④ 火发兵静者，待而勿攻：火已烧起而敌军仍保持镇静不乱的，要等待观望，不要马上发动进攻。兵，这里指敌军。静，镇静、不慌乱。

⑤ 极其火力：就是使火力燃烧达到最旺的时候。极，是尽、穷尽的意思。

⑥ 可从而从之，不可从而止：火燃烧后军队可随之进攻就进攻，没有机会就要按兵不动。从，跟随，这里是进攻的意思。

⑦ 无待于内：不必等待内应。无，不必。内，内应。

⑧ 以时发之：寻找合适的时机就可以放火。以时，根据时机。

⑨ 无攻下风：不要在逆风的地方进攻敌军。

⑩ 昼风久，夜风止：白天利风的时间长了，到了晚上就会停止。

⑪ 以数守之：火攻应遵循自然规律，等候火攻的条件成熟。数，星宿运行度数，引申为实施火攻的条件。

⑫ 以火佐攻者明：用火攻来辅助我军的进攻，效果十分明显。佐，辅佐、辅助。明，明显。

⑬ 以水佐攻者强：用水攻的辅助方法，就会大大增强我军的攻势。强，增强，指增强势力。

⑭ 水可以绝，不可以夺：用水攻敌可以分离隔绝敌人，但不能彻底消灭敌人。绝，断绝、分割，这里指隔断敌人。夺，消灭、摧毁，这里指消灭敌人。

【精义】

大凡实施火攻，必须根据上述五种火攻所引起的情况变化，灵活地派兵策应配合。如果从敌人内部放火，就要及时派兵外部接应。火已经烧起来，可敌军仍然保持安静，毫不慌乱，我军就应当耐心地等待，仔细地观察敌情，而不要马上发动进攻。等火势达到最猛的时候，再随机应变，可以进攻就发动进攻，不可以进攻就按兵不动。如果可以在敌营外面放火，就不必等待在敌营内部放火，只要时机和条件成熟尽管放火就行了。火发于上风，就不可以从下风方向进攻。白天风刮得久了，夜里就容易停止。指挥军队作战，必须懂得灵活机动地运用这五种火攻方法，等待适宜放火的天时和日子，就毫不迟疑地放火进行火攻。用火辅助军队进攻，就可以取得战场上的优势；用水辅助军队进攻，就可以加强战场上的攻势。水可以隔断敌军，但不能彻底消灭敌人。

【读解】

孙子在这里指出，实施火攻要根据五种火攻所引起的情况变化采取相应的应对措施。应重视敌人的表现，根据其外在表现决定是进攻还是停止。要随机应变、灵活机动，切不可一见火起，便迅猛出击，这样一方面动机过于明显，另一方面也容易中敌人圈套。

孙子在这里指出，实施火攻要根据五种火攻所引起的情况变化采取相应的应对措施，"必因五火之变而应之"，并具体介绍了在内放火、在外接应；火起而敌静，则应静观其变，相机决定是攻是止；火放在上风头，而人不可以下风头进攻；白天风久，夜晚风停等应变的原则方法，告诉领兵者不仅要了解火攻的变化，而且强调必须遵循客观规律，"以数守之"。孙子的态度是务实而清醒冷静的，决定是否火攻，应看敌人的表现，根据其外在表现决定是进攻还是停止。 要随机应变、灵活机动，切不可一见火起，便迅猛出击，这样一方面动机过于明显，另一方面也容易中敌人圈套。

【活学活用】

借助于火和水的力量，可以明显地增加自己的力量，从而轻而易举地夺取战争的胜利。

正所谓"好风凭借力"。 一个人在事业上要想获得成功，除了靠自己的努力奋斗外，有时还要借助他人的力量才能事半功倍。

曾子说："用师者王，用友者霸，用徒者亡。"成就大事的人，都不是孤军奋战者，他知道个人的能力再强也是微弱的，"好汉也要三个帮"，众木成林，众志成城。

非利不动

【原文】

夫战胜攻取，而不修其功者，凶①，命曰"费留"②。 故曰：明主虑之③，良将修④之，非利不动，非得不用⑤，非危不战。

【精义】

虽然攻城略地，取得了可观的胜利，但是如果不注重巩固其战果，就会有灾难，这叫作耗财疲军的"费留"。所以说，贤明的君主一定要慎重地考虑这个问题，优秀的将帅一定要认真地处理好这个问题。如果无利可图，就不要兴师动众；如果没有取胜的把握，就不要用兵作战；如果不到危急关头，就不要诉诸武力。

【读解】

孙子在这里指出，战争胜利了还要及时巩固胜利的成果，及时封赏。 如果不能巩固所得的战果，则有可能转胜为败。 他还强调，战争是严肃的，不宜轻启战端。 "非利不动，非得不用，非

---

① 不修其功者，凶：这里指战争取得胜利却不能及时论功行赏，以激扬士气，巩固胜利成果，就会存在祸患。 修，引申为酬劳。 凶，祸患。

② 命曰"费留"：若不及时论功行赏，致使军心不稳，战争拖延，军费将如流水般花销完。 指该花费的不花费，将会有更多的花费。 命，命名。 费，军费。 留，通"流"，白白浪费的意思。

③ 明主虑之：英明的君主必须考虑这个问题。 虑，思索、考虑。

④ 修：这里是研究的意思。

⑤ 非得不用：意思是说没有必胜的把握就不要出动军队作战。 得，指取得战争的胜利。 用，指用兵打仗。

危不战"是用兵的三条基本原则，这里又突显了孙子的"慎战"思想。 从谨慎使用火攻引申开去，孙子在此处完整地论述了"慎战"论的主要观点。 他强调从国家利益出发，决定是否用兵，"非利不动，非得不用"。 凡人都不做没利的事，无用的工，战争更是如此，不到国家利益受到威逼、万不得已的时候，不可轻易言兵动武，"非危不战"。 如果一定要展开战争，则要以国家利益为出发点，于国有利就战，没有利益可图就不宜开战。

【活学活用】

在兵法上，在作战治军的理论上，孙子的利益观是"非利不动"，这也就是孙子提出和主张实施的唯利原则。

首先，孙子的唯利原则，是指考虑问题，采用战术，制定方针，谋划战略要以现实的利害为依据，对所作所为要有一个清醒、冷静、理智的正确态度。 唯利原则不是唯利是图，利令智昏最终要失败。 见利就争，见便宜就抢，争抢到手的往往是诱饵，会变成害。 利害攸关，有利有弊，唯利原则是辩证的。 所以。 聪明者考虑问题做决策时，总是兼顾到利和害两个方面。 该争必争，该弃必弃。 争是为趋利，弃是为避害。 趋利避害是决策者必须把握的基本原则。

其次，孙子的"唯利原则"是公而忘私，是"进不求名、退不避罪，而利于主"，是利国、利民、利兵，是以国家利益为重，以百姓利益为重，以长远利益为重，以整体利益为重。

因此，开展军事活动必须以利益作为最高的标准，这样的事例在历史上非常多。

不合于利而止

【原文】

主不可以怒而兴师①，将不可以愠②而致战③；合于利而动，不合于利而止④。 怒可以复喜⑤，愠可以复悦，亡国不可以复存，死者不可以复生。 故明君慎之，良将警之，此安国全军之道也。

【精义】

国君不可因为一时愤怒而发动战争，将帅不可因为一时怨恨而与敌军开战；对国家有利就采取行动，对国家不利就按兵不动。愤怒之后还可以再欢喜起来，怨恨之后还可以再高兴起来，而国家灭亡之后就不可能复存，人死亡之后就不可能复活。所以说，贤明的君主对用兵一定要慎重地对待，优秀的将帅对交战一定要有高度的警惕，这是安定国家、保全军队的重要法则。

【读解】

孙子在这里给我们的启示是，战争不是儿戏，逞一时之怒、发一时之威，解决不了战争的根本矛盾，一切均要以国家的长远利益为重。 由国君之"怒"、将帅之"愠"而引发的战争，都是荒唐

---

① 主不可以怒而兴师：君主不可因一时的愤怒而兴兵作战。

② 愠：怨愤，恼怒。

③ 致战：与敌交战。

④ 合于利而动，不合于利而止：符合国家的利益才出兵，不符合国家利益就不要出兵。 合，符合。

⑤ 怒可以复喜：愤怒的人还可以重新变得高兴起来。 复，重新。

的战争，都是置国家利益于不顾、视百姓生命为儿戏的鲁莽行为。所以，在战争中不能感情用事，任何感情冲动下做出的决策都不可能使自己战胜对方，相反还会给自身带来难以弥补的损失。

【活学活用】

两军交战，不仅仅是双方军事实力的较量，也是双方将帅心理素质之间的博弈。一个不能把握自己的心理、不能控制自己的情绪的主帅，也很难掌控战争的局面、战争发展的态势。对待战争的正确态度应该是慎重的，不可轻率行事而妄启战端。对敌作战中，只有真正做到"见利则动，不见利则止"，才能使自己避免陷于危亡之地。

因此，是否进行一场战争，就不应该取决于某个人的私人喜好，而是应该依据客观条件。就是说，情况对我有利时就向敌人发动进攻，情况对我不利时就停止进攻敌人。可见，无论是"见利则动"，还是"不见利则止"，都是用兵"持重"的表现。

用 间 篇

本经通读

孙子曰：凡兴师十万，出征千里，百姓之费，公家之奉，日费千金；内外骚动，怠于道路，不得操事者七十万家。 相守数年，以争一日之胜，而爱爵禄百金，不知敌之情者，不仁之至也，非人之将也，非主之佐也，非胜之主也。 故明君贤将，所以动而胜人，成功出于众者，先知也。 先知者，不可取于鬼神，不可象于事，不可验于度，必取于人，知敌之情者也。

故用间有五：有因间，有内间，有反间，有死间，有生间。五间俱起，莫知其道，是谓"神纪"，人君之宝也。 因间者，因其乡人而用之。 内间者，因其官人而用之。 反间者，因其敌间而用之。 死间者，为诳事于外，令吾间知之，而传于敌间也；生间者，反报也。 故三军之事，莫亲于间，赏莫厚于间，事莫密于间。

非圣智不能用间，非仁义不能使间，非微妙不能得间之实。微哉微哉，无所不用间也！ 间事未发而先闻者，间与所告者皆死。

凡军之所欲击，城之所欲攻，人之所欲杀，必先知其守将、左右、谒者、门者、舍人之姓名，令吾间必索知之。

必索敌人之间来间我者，因而利之，导而舍之，故反间可得而用也。因是而知之，故乡间、内间可得而使也。因是而知之，故死间为诳事，可使告敌。因是而知之，故生间可使如期。五间之事，主必知之，知之必在于反间，故反间不可不厚也。

昔殷之兴也，伊挚在夏；周之兴也，吕牙在殷。故惟明君贤将，能以上智为间者，必成大功。此兵之要，三军之所恃而动也。

本篇旨要

《用间篇》作为孙子兵法的最后一篇与首篇《计篇》遥相呼应，首尾浑然一体，从而构成了一套完整的兵法体系。可见孙子在总体策略上研究之透彻，见解之深刻，思维之缜密。

孙子主张用间，极力提倡用间。孙子认为，情报的获得不能依靠类推比附、占度星象，而要依靠人的智慧和主观努力。用间不是不道德的行为，而是军事决策的必备前提，是"三军之所恃而动"的基础。英明的将帅必须掌握因间、内间、反间、死间、生间这五种基本方法，必得"事莫亲于间，赏莫厚于间，事莫密于间"的用间基本原则，更要发挥谋略的作用，将各种方法综合运用，变而神之，使敌人防不胜防。

《孙子兵法》流传两千多年了。当今世界，一方面是科技进步发展，西方那些具有霸权主义思想的国家越来越多地把侦察卫星送入太空，充当"间谍"角色，另一方面千方百计收集情报，离间、颠覆社会主义和民主主义国家的政权。因此，用间与反间的斗争，在今天表现得更为激烈。

这是一场特殊的战争，我们有必要继承孙子的思想，做好反颠覆、反渗透、反和平演变的工作。

先知者

【原文】

孙子曰：凡兴师十万，出征千里，百姓之费，公家之奉①，日费千金；内外骚动，怠②于道路，不得操事者七十万家③。相守数年，以争一日之胜，而爱④爵禄百金⑤，不知敌之情者，不仁之至也，非人之将⑥也，非主之佐⑦也，非胜之主⑧也。故明君贤将，所以动而胜人，成功出于众者，先知也。先知者，不可取于鬼神，不可象于事⑨，不可验于度⑩，必取于人，知敌之情者也。

【精义】

孙子说：凡兴兵十万，征战千里，百姓所负担的费用，国库所开支的钱财，每天要达到千金；国内外动乱不安，军民疲惫地在路上奔波，以致不能从事正常耕作的农户达七十万家。敌我双方相持

---

① 公家之奉：与"百姓之费"对言，指国家的开支。

② 怠：疲惫。

③ 不得操事者七十万家：春秋军赋，甸出甲士步卒七十五人，甸六十四井，计五百七十六户，征甲士步卒十万人，则计七十余万户，这里指整数。意思是出兵十万则有七十万户为之奔忙而不能一心耕作。

④ 爱：吝啬。

⑤ 爵禄百金：此句与下句即谓由于吝啬爵禄百金而不雇用间谍，以致不了解敌之内情。爵位、俸禄、各种金玉宝器。

⑥ 非人之将：言不配为军队之将领。

⑦ 非主之佐：言不配为君主的辅佐。

⑧ 非胜之主：言不是胜利的主宰者。

⑨ 象于事：以往事类比。象，类比。

⑩ 验于度：用天命、因果轮回等观念去验证。度，度数，同"历数""运数""气数"，这里指以阴阳星相等推知未来的迷信手段。

数年，是为了争得一朝的胜利，然而却吝惜爵禄和重金，不肯重用间谍，以致不能了解敌情的虚实，而导致失败，这实际上是不仁慈达到了极点。这样的将帅，不配为军队的统帅，不配做国君的得力辅助，也不配做胜利的主宰者。所以，英明的君主，贤能的将帅，之所以一出兵就能旗开得胜，功业远超于众人，就在于他们事先了解敌情。事先了解敌情，不可以用向鬼神祈祷或占卜的方法实现，不可以拿相似的事情作类比推测，也不可以用观测日月星辰运行位置度数的方法来验算，而是一定要从知道敌情的人们身上得到和了解敌情的虚实。

【读解】

孙子在这里强调了间谍术在战争中的重要作用。 进行战争一定要不惜重金安置间谍来刺探敌情、掌握对方虚实，以便于本方筹谋作战、部署兵力。 精明的将帅通过间谍术事先就掌握了敌情，因而往往能成为战争胜利的主宰者。

【活学活用】

孙子认为"先知必取于人"，"间"的真正实施，必须靠人来完成。 孙子主张在全局使用间谍时，必须广开情报来源，以便得到完整、细致、周密的情报，从而采取军事行动，使敌人陷于茫然无从应付的困境。

孙子提出的了解敌情，建立在扎实可靠的基础上，谨慎严谨，切实可行。 孙子强调在使用间谍时，必须机智、果决、仁爱和精心。 要认真辨别，判断准敌情，以防止被敌人欺骗和利用。 这反映孙子很懂得综合分析，在用间上缜密周到。

用间有五

【原文】

故用间有五：有因间①，有内间，有反间，有死间，有生间。五间俱起，莫知其道②，是谓"神纪③"，人君之宝④也。因间者，因其乡人而用之⑤。内间者，因其官人而用之⑥。反间者，因其敌间而用之⑦。死间者，为诳事于外⑧，令吾间知之，而传于敌间也⑨。生间者，反报也⑩。故三军之事，莫亲于间⑪，赏莫厚

---

① 因间：间谍的一种，即本篇下文所说的"乡间"，即依赖与敌人的乡亲关系，获取情报，或利用与敌军官兵的同乡关系，打入敌营从事间谍活动，获取情报。

② 五间俱起，莫知其道：此言五种间谍同时使用起来，使敌人无法摸清我军的行动规律。道，规律、途径。

③ 神纪：神妙莫测之道。纪，道。

④ 人君之宝：句意为"神纪"是国君制胜的法宝。宝，法宝。

⑤ 因其乡人而用之：指利用敌国将领之同乡关系做间谍。因，根据，引申为利用。

⑥ 内间者，因其官人而用之：所谓内间，就是指收买敌国的官吏为间谍。官人，指敌方的官吏。

⑦ 反间者，因其敌间而用之：所谓反间，就是指收买或利用敌方的间谍，使其为我所用。

⑧ 为诳事于外：此句意为故意向外散布虚假情况，用以欺骗、迷惑敌人。诳，欺骗、瞒惑。

⑨ 令吾间知之，而传于敌间也：意思是让我方间谍了解自己故意散布的假情报并传给敌方间谍，诱使敌人上当受骗。在这种情况下，事发之后，我方间谍往往难免一死，所以称之为"死间"。

⑩ 生间者，反报也：意思为那些到敌方了解情况后能够活着的间谍是回来报告敌情的人。反，同"返"。

⑪ 三军之事，莫亲于间：意思是间谍是三军将士中，将帅最应该亲近的人。

于间⑫，事莫密于间⑬。

【精义】

使用间谍有五种：有因间，有内间，有反间，有死间，有生间。如果五种间谍同时使用起来，并且充分发挥作用，就可以使敌人摸不清我用间的底细，这就叫作神妙高明，是国君克敌制胜的法宝。因间，是指利用敌国境内的乡民为间谍，来了解敌人虚实。内间，是指收买利用敌国的官吏为间谍。反间，是指收买利用敌方的间谍来为我所用。死间，是指故意制造假情报，通过打入敌人内部的我方间谍传给敌人，使敌人上当受骗，一旦真相败露，我方间谍难免被敌人处死。生间，是指我方派出去的间谍深入虎穴，侦察到敌情后能安然返回报告。所以，在军队的亲密关系中，没有比与间谍更亲密的，奖赏没有比对间谍更优厚的，事情没有比用间谍更秘密的。

【读解】

这段话讲述的是间谍的种类以及使用间谍的方法。孙子十分重视间谍的作用，认为它是作战取胜的一个关键，军队依靠间谍提供的情报而采取行动。孙子把间谍分为五种：因间、内间、反间、死间、生间。在这五种间谍中，前三种是敌方人员，后两种是己方潜入敌人内部的人员。这五种间谍都使用起来，情报的来源就变得十分广泛，打起仗来就会使敌人茫茫然不知怎样应付，确实是神妙莫测。

用兵首先要以战前的军事情况为基础。开战之前，首先要对

---

⑫ 赏莫厚于间：意思是间谍应该成为军中受赏赐最优厚的人。
⑬ 事莫密于间：没有比间谍之事更应该保守机密的了。

敌军的将帅的背景进行细致的调查，主要了解他的指挥方面的优点、缺点，以及性格当中的弱点等。 其次，还要分析敌人的兵力以及整支军队的实战经验等。 再次，要熟悉作战的地形，分析地形中于我有利的因素，加以发挥。 最后，对敌人的粮草供应、后勤装备等进行侦察。 在了解了这些实情后，再出动军队，就能做到胸有成竹、从容不迫，赢取战争的胜利的概率也会大大提高。若事先没有经过周密调查，就轻率出兵，没有进行分析谋划就贸然作战，那么必定会被敌人打败。 实战经验告诉我们：正确的决策是取胜的基础，而正确的决策来源于正确的情况判断。

【活学活用】

堡垒是最容易从内部攻破的，这已是人人皆知的一条定律，从哲学上说，这完全符合内因是变化的依据，外因是变化的条件的原理。 收买敌国官吏做己方间谍。 在兵家看来，利诱是包治百病的良药。 所以，既要防间，更要会用间。

无所不用间

【原文】

非圣智不能用间，非仁义不能使间①，非微妙不能得间之实②。微哉微哉，无所不用间③也！间事未发而先闻者，间与所告者皆死④。

【精义】

不是才智超群的人，就不能使用间谍；不是仁义慈爱的人，就不能指使间谍；不是精细深谋的人，就不能准确地分析判断间谍所获敌情的真伪。微妙啊，微妙！真是无时无地不可以使用间谍。使用间谍刺探敌情的计划尚未实施，而消息已经泄露出去，那么间谍本人和听到此秘密的人都要被处以死刑。

【读解】

孙子在这里论述了使用间谍的国君或将帅应具备的条件。孙子认为，使用间谍的将帅必须有"圣智"、富"仁义"、极"微妙"，这样才能辨别情报的真伪，避免中敌人的反间计。他同时

---

① 非仁义不能使间：指如果吝惜金钱、爵禄，不能以诚待人，就不能使间谍乐于效命。

② 非微妙不能得间之实：不是心思缜密、手段高超的将领就不能取得间谍的真实情报。微妙，精细朽妙，指心思缜密。实，指实情。

③ 无所不用间：指处处都可以使用间谍。

④ 间事未发而先闻者，间与所告者皆死：己方用间所谋划的事情还没有开始行动，就走漏了风声的，间谍和知情的人都应该被处死。间事，使间的事情。发，开始。

强调，间谍工作是非常严肃而机密的，必须慎重地对待，容不得丝毫马虎。

【活学活用】

"无所不用间"强调了用间的广泛性和普遍性，正因为用间重要和有效，因此，不仅在军事斗争中需要用间，在政治斗争、外交斗争和社会经济领域也普遍存在着用间现象。 与古代相比，现代社会用间的手段更加诡秘，用间的方式千奇百怪。 尤其在商业领域，用间已成为一种重要的竞争谋略。 各种类型的经济间谍，披着合法的和不合法的外衣，使用现代的间谍工具和技术，采取公开的和非公开的方式，大量地搜集经济情报，从而赢得竞争主动权。 "无所不用间"已成为当今社会的一大特征，对此我们要保持清醒的认识。

先知其守将

【原文】

凡军之所欲击，城之所欲攻，人之所欲杀，必先知其守将①、左右②、谒者③、门者④、舍人⑤之姓名，令吾间必索知之。

【精义】

凡是所要打击的敌军，要攻占的城池，要消灭的敌方人员，我方事先都必须了解清楚敌方主管将帅及其左右亲信、负责接待宾客的官员、守门小吏、门客幕僚等人的姓名，要命令我们的间谍全面、准确地搜集这些情报。

【读解】

孙子在这一段阐述的是使用间谍的具体方法。 文中指出在攻击敌军或夺取城邑抑或进行刺杀行动前，必须对敌方的主要将领及其亲信，还有与之有直接联系的所有人物进行细致勘察，获得详细情报。

【活学活用】

军队要依靠间谍提供情报而采取行动，而在政治活动、经济活动等领域中，也必须要有用间意识。 没有用间意识，非但"不能得间之实"，反而要丧失己方之利。

---

① 守将：镇守之主将。
② 左右：身边的亲信。
③ 谒者：古代负责传达、通报的官员。 即接待宾客并向主官传达报告的官员。
④ 门者：负责守门的官吏。
⑤ 舍人：门客幕僚。

反间不可不厚

【原文】

必索敌人之间来间我者①，因而利之②，导而舍之③，故反间可得而用也。因是而知之④，故乡间、内间可得而使也⑤。因是而知之，故死间为诳事，可使告敌⑥。因是而知之，故生间可使如期⑦。五间之事，主必知之⑧，知之必在于反间，故反间不可不厚也⑨。

【精义】

必须搜查出敌方派来侦察我方情况的间谍，优礼款待，重金收买，多方诱导，待条件成熟，交给任务后予以释放，这样，就可以使用他们作为反间了。通过使用反间了解了敌情，所以乡间、内间也就可以利用起来了；通过反间，就可以让死间将虚假的情报传送

---

① 必索敌人之间来间我者：第一个"间"为名词，指间谍。第二个"间"为动词，指间谍活动。

② 因而利之：意思是趁机以重金收买敌方间谍。因，由、就，可理解为顺势、趁机。

③ 导而舍之：设法引诱敌人派来的间谍，交付其一定的任务，然后把他放回去。导，诱导。舍，释放。

④ 因是而知之：意思是说从反间提供的情报中得知敌人的内情。因，从。

⑤ 故乡间、内间可得而使也：通过反间了解敌情，乡间、内间就都可以为我所用了。

⑥ 死间为诳事，可使告敌：从反间处了解敌情，而可将虚假情报通过死间传送给敌人。

⑦ 生间可使如期：生间可以按预定日期返回报告敌方的情况。

⑧ 五间之事，主必知之：五种间谍如何使用，君主都必须知道。

⑨ 故反间不可不厚也：因此给反间的待遇一定不可以不优厚。

给敌人；通过反间，生间就可以如期完成任务。五种间谍的事情，君主都必须了解掌握。了解情况的关键在于使用反间，所以，对反间不可不厚待。

【读解】

在论述了间谍的作用、种类和使用方法后，孙子在本段中特别强调了要重视反间，因为从反间处得来的情报最重要，还能使其他各间得到充分的利用与发挥。因此，给予反间的待遇应该特别优厚。

【活学活用】

战场中的情报何止"爵禄百金"，谁能先获得情报，率先出击，谁就将战胜对手，可谓"捷足先登"。而另一面，己方又要千方百计保护自己的情报不被别人窃取，这种情报大战与反情报大战已进入白热化，高科技的情报与数据更为重要，一份设计图可以省去高额的经费，可以说是"千金难买"。

以上智为间

【原文】

昔殷之兴也，伊挚在夏①；周之兴也，吕牙②在殷。故惟明君贤将，能以上智③为间④者，必成大功。此兵之要，三军之所恃而动也⑤。

【精义】

从前殷商兴起的时候，商汤王的得力谋士伊挚（即伊尹）原本是夏朝的臣子。周朝兴起的时候，周文王和武王的主要谋士姜子牙原本是商朝的臣子。所以，圣明的君主，贤能的将帅，若能用具有非凡智慧的人充当间谍，就一定能建立大功。这是用兵的关键，整个军队都要依赖间谍所提供的准确情报，来决定所采取的军事行动。

【读解】

孙子在最后以伊尹和姜子牙两人为例，表明要想成就大的功

---

① 昔殷之兴也，伊挚在夏：商朝的建立，在夏朝为臣的伊尹起了重要的作用。殷，殷代，即商朝。伊挚，即伊尹，原为夏桀的大臣，熟悉夏的内情，商汤用他为相，帮助自己灭亡夏朝，后成为商朝贤臣，开国元勋。

② 吕牙：姜子牙，原是殷纣的臣子，后来归附于周文王，武王伐纣时他作为军师，助周武王灭商。

③ 上智：指智谋很高的人。

④ 为间：担任间谍。

⑤ 三军之所恃而动：指军队的作战行动都要依据间谍提供的情报而部署。恃，依靠。

业，就要任用有高超智谋的人为间谍。 用这样的人做间谍，为己方提供全面而准确的情报，是"成大功"最重要的条件。 孙子自比商朝开国大臣伊尹和周朝开国大臣姜太公，流露出希望能够辅佐吴王统一天下的愿望。

【活学活用】

战争的胜利在于预先了解敌情，而预先了解敌情在于战略侦察的正确。 因此，战略侦察是决定战争胜利的重要因素。 战略侦察，不是一般地使用间谍或战场侦察。 所谓战略侦察，内容不仅仅是限于军事战略侦察的范围，它还包括对敌国政情的了解。